宗之瀟灑美少年，舉觴白眼望青天。

皎如玉樹臨風前。

壹

群星閃耀的時代・春秋站

006　古偶天團【總決選】

018　【宋玉】我的偶像是屈原

024　【宋文公】因帥得國的美麗傳說

027　【公孫子都 VS 衛武公】
誰是《詩經》裡的頭號男神?

033　《詩經》教你一秒鐘點滿誇人技能

參

超級美男之特殊技能

090　【智慧擔當・周瑜】
江東風流美丈夫總決選

096　【武力擔當・趙雲】
亂世美少年,絕地孤膽英雄

104　【風度擔當・褚淵】
公主求而不得的男人

112　【恬然擔當・王維】此心安處是吾鄉

118　【癡情擔當・納蘭性德】
人生就是不斷戀愛再失戀

124　揭秘・三國裡帥氣美男大盤點

130　新詞必學

貳

亂世中的堅守·魏晉站

038 【主題稿】動盪百年的魏晉時代

046 【嵇康】千古風流成絕響

052 【阮籍】對酒當歌，人生幾何

058 【潘安】捲入紛爭的美男子

064 【慕容沖】傳奇的人生不需要解釋

070 【高長恭】能征善戰的面具王者

076 【韓子高】被演義化的少年將軍

082 世說新語八週刊

肆

超級美男夏令營

144 【詩詞篇】如何當一名集才華和顏值於一身的美男子？

154 【書畫篇】美男晉級之路

164 【服飾篇】穿衣服也有講究？教你一秒變身型男

170 【熏香篇】當一位講究的型男，熏香瞭解一下？

176 【雅樂篇】琵琶？笛子？美男應該學的樂器有哪些

188 【茶酒篇】飲酒跟喝茶，美男離不開它

198 【甜言蜜語篇】如何正經地誇美男子？

203 猜心測試：誰是妳古代的男朋友

舉辦方 宇宙時空局

活動時間 二一八五年六月

快來pick
你喜歡的選手

恭喜你，幸運地參加了此次由宇宙時空局舉辦的『古代版偶像101天團』總決選活動。這次活動，旨在讓未來的人類一睹名士之姿，圍觀美男風采，當中人氣最高的一位將成為當之無愧的美男C位。

下面這些迷倒萬千少女的偶像，你PICK哪一位？

GU OU TIAN TUAN

101 ZONG JUE XUAN

古偶

總決選

天團

一號選手

公孫閼／公孫子都

先秦No.1美男子

春秋時期鄭國公子

有人說他溫文爾雅，有人說他心狠手辣

《詩經》中的大眾情人，行蹤成謎的神秘美少年

【個性簽名】這樣的我，你怕了嗎

【代表事蹟】暗箭傷人

二號選手

宋玉

戰國時期宋國公子

寫賦奇才，不靠臉蛋吃飯
母胎單身，只是因為沉迷於創作

【個性簽名】屈原大大我是你的小粉絲
【代表事蹟】宋玉東牆

三號選手

子鮑／宋文公

春秋時期宋國國君

外表美而豔，其實是個正經人

師奶殺手第一人

【個性簽名】君子有所為有所不為

【代表事蹟】因帥得國

『竹林七賢』顏值擔當，Ｃ位領袖

打鐵達人，德智體群美全面發展

看起來像出塵不染的謫仙人，其實不太喜歡洗澡

【個性簽名】……

【代表事蹟】廣陵絕響

四號選手

嵇康

三國時期曹魏人

五號選手

阮籍

三國時期曹魏人

『竹林七賢』人氣擔當

一生放蕩不羈愛喝酒

藐視規則，行為荒誕，但不撩粉絲

【個性簽名】我沒醉，我還能喝

【代表事蹟】痛哭紅顏

六號選手

周瑜

漢末東吳名將

外號叫『嘟嘟』都督，脾氣很好不容易生氣，對諸葛亮沒有任何意見。

人生贏家，有一個好基友跟漂亮的媳婦

【個性簽名】請問，當年你可曾見過伯符路過

【代表事蹟】總角之交

趙雲

三國時期蜀漢名將

亂世小鮮肉，絕地孤膽英雄

有救熊孩子的特殊技能

【個性簽名】我是常山趙子龍，我顏值很高

【代表事蹟】救阿斗

八號選手

潘安

西晉時期人

古往今來最知名的美男子

出門閒逛，吸睛指數100%

不是渣男不是渣男不是渣男

重要的事情說三遍

【個性簽名】一生一世一雙人

【代表事蹟】潘楊之好

九號選手

慕容沖

十六國時期西燕人

五胡十六國傾國傾城第一人

有過一段被包養的黑歷史

【個性簽名】我要這盛世美顏有何用

【代表事蹟】龍陽之姿

十號選手

高長恭

南北朝時期北齊將領

赫赫有名的蘭陵王
不幸投胎到了『神經病』家族老高家

【個性簽名】 忠君愛國
【代表事蹟】 蘭陵王入陣曲

韓子高

十一號選手

南北朝時期陳朝人

成功逆襲的人生贏家
跟老闆陳文帝的關係非常好
明明是英武少年，才不是小白臉，哼

【個性簽名】只因在人群中多看了你一眼

【代表事蹟】得遇文帝

褚淵

十二號選手

南北朝時期宋、齊宰相

每天上朝時眾人關注的焦點
皇上親自下場點讚：『褚淵憑藉這風度翩翩的樣
子，就應該當宰相啊！』
禁慾系美男，是公主求而不得的男人

【個性簽名】作為男人，保持風度很重要

【代表事蹟】公主之約

王維

唐朝時期詩人、畫家

佛系美少年

詩、畫、音樂全面人才

吃齋念佛，看起來像隱居達人，其實當過大官

【個性簽名】Love&Peace

【代表事蹟】年少成名

納蘭性德

清朝時期詞人

心思細膩的高富帥

雖然是御前侍衛但是武藝不咋樣

情話技能MAX

【個性簽名】我不是矯情，我只是有些憂鬱

【代表事蹟】真真假假的情史

群星閃耀的時代

星耀光芒

Ⅰ・春秋站

山有扶蘇・隰有荷華・

不見子都・乃見狂且・

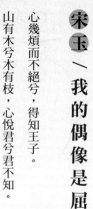

文／琴城野老

宋玉／我的偶像是屈原

心幾煩而不絕兮，得知王子。

山有木兮木有枝，心悅君兮君不知。

　　宋玉站在自家的庭院中，不知是第多少次抬起頭，看到高牆之上那一抹俏麗的倩影。

　　這一次他沒有像往常那樣視而不見，而是朝她露出了一絲微微的笑意。

　　女子頰上飛起紅雲，羞澀又大膽地拂開了藏身的樹葉，露出一張比春日的花朵還妍麗的面容。

　　她是整個楚國最美麗的女子。

她有著白裡透紅的肌膚，不需任何脂粉增色妝點。她有穠纖合度的身段，不需華服襯托就十分曼妙。她眉如翠羽，齒如編貝，這個世間有無數的男子曾經為她而傾心。

一顧傾城，一笑傾國，說的就是她這樣的女子。

但她的心裡卻覺得，宋玉才是這世間最美的人。

他峨冠博帶，俊美無儔。既有文人的書卷風華，又有遊俠的飛揚意氣。他才名與美名並舉，能做出文采華美的辭賦，還會彈奏優美動人的琴曲。

他看向自己的眼中有欣賞，有憐惜，卻唯獨沒有愛慕。

宋玉溫和地看著這名可愛又迷人的鄰家女子，對她說：「從明天起，不要再爬上高牆偷偷看我了。」

女子有些意料之中的失落，卻又鼓起勇氣問道：「郎君……是否已經心有所屬？」

宋玉沒有回答她的問題，卻說：「聽我為妳講個故事。」

他負手站在春陽之下，俊秀的眉眼神采清明。

「楚國的唐勒曾經向楚王進讒言，說我出行投宿的時候，趁主人夫婦都不在家，與主家的女兒獨處一室，舉止不端，是個貪花好色之人。」

女子的臉上露出驚詫的神色：「我不信，你不是這樣的人。」

她已經是楚國最美的女子，她的家與宋玉的宅院僅有一牆之隔，可她在牆頭癡癡地看了宋玉三年，他卻從來都沒有理睬過自己。

宋玉繼續道：「其實那一天，我的確與主家的女兒有獨處的機會。她眼波含情，藉口身份尊卑不同，將我安置在蘭芳之室。我心知她傾慕我這身皮囊，又見到房間裡恰好有琴，就彈奏了〈幽蘭〉和〈白雪〉兩首琴曲，暗示她應該像幽蘭與白雪一樣潔身自好，守禮自重。」

女子心有戚戚焉，這般思慕的心情，她感同身受。

「主家的女兒並不聽從我委婉的勸告，她為我煮了菰米飯，奉上了蓴菜羹，穿著美麗的衣裳，戴著華貴的首飾，將飯菜端來請我食用。她裝作不小心，把自己的翡翠釵掛到我的冠纓上，但我卻沒有抬頭看她一眼。」

女子靜靜地聽著，沒有說話。這樣的舉動，如此大膽，她是不敢去效仿的。

使她感到安慰的是，這樣大膽的女子，卻也和自己一樣，始終得不到宋玉的回應。

「她熱情地為我唱起情歌，試探我的心意。於是我再次撥起琴弦，彈奏了〈秋竹〉和〈積雪〉，用琴聲告訴她：我無意於女色，我的意志就像秋竹一樣堅挺，我的心就像積雪一樣冰冷。她決絕地表示，得不到我的愛意，寧可以死明志。我只好對她說：我寧可去殺人，也不會接受妳的心意。」

宋玉說完，看向面前的女子，聲音仍然溫潤如玉：「我的志向，我的心境，妳可明白了嗎？」

女子點了點頭，彷彿聽到了自己芳心碎裂的聲音。

她有一點不甘，也有一點期待地問：「你會把我記在你的心裡嗎？」

宋玉回答：「我不會把妳放在心裡，但我承諾，我會將妳寫進我的辭賦中，妳的身影將融入我的文字，與我的名字相伴千年。」

女子的心中湧起無限惘然，卻又有一絲莫名的喜悅。

如此，也算是一種圓滿了吧？

美好的人與事物，總是最容易遭到非議與詬病的。

這個道理，宋玉從小就明白。

當他站在楚襄王的面前，看見王上那飽含著質疑和猜忌的眼神，就想起自己的老師屈原寫過的詩句：

眾女嫉余之蛾眉兮，謠諑謂余以善淫。

楚襄王果然提起了大夫登徒子放出的讒言：「對於你好色的傳聞，你有什麼想說的嗎？」

宋玉悠然一笑：「容貌俊美是天生的，善於辯論是後天學到的，如果這樣優秀的我，就必然會貪慕女色，那住在我東鄰的絕世美人又怎會在牆上窺視我整整三年？倒是聽說，登徒子的妻子醜若無鹽，卻和他育有五個孩子，兩相比較，大王覺得誰比較好色呢？」

楚襄王的心中湧起一股熟悉的感覺。

無法反駁，又不能發作。

宋玉在自辯，卻也在隱隱地嘲諷自己晚年的沉溺享樂。

他喜歡宋玉的才華，唯一討厭的只有一點：他太像他的老師屈原了。

楚襄王又想起了秋天的時候，他與宋玉在蘭台宮遊覽的情景。

那天的風很涼爽，他難得有了一點愜意的心情，便對隨行的臣子們感慨說：「這股好風，是寡人與百姓共用的。」

換了別人，必定會馬上附和自己的話，讚頌國君與民同樂的精神。

可宋玉卻說：「這股風只是大王獨享的，庶民哪有這等福份與大王同沐此風呢？」

楚襄王心中知道，善辯的宋玉一定又在話裡埋了什麼伏筆，就等著自己去揭開。

他迷戀著宋玉出色的思想和口才，就像當年他迷戀屈原的才華一樣。

他明知宋玉很可能會像屈原那樣，說出刺耳的話語，讓自己不悅，卻還是忍不住問了下去：「寡人的風與庶民的風，又有什麼不同？」

宋玉說：「大王的風是雄風，它清涼怡人，能治病，又能解酒，使人耳聰目明。庶民的風是雌風，它揚起沙塵，捲起汙穢，刮向庶民居住的陋巷與破屋，使人生病，讓人痛苦，陷入生不如死的狀態。」

楚襄王心中升起一股鬱悶，剛才清風所帶來的好心情蕩然無存。

他只不過是想吹吹風。

他登臨高臺，遊歷雲夢，也只不過是想暫時忘記那背棄聯姻之好、大肆攻城掠地的秦國，忘記國運衰敗、民不聊生帶來的心煩。

可宋玉卻非要說破這一切，把那些數不清的憂患擺在他的面前。

他想把宋玉斥責一番，卻找不到反駁的理由。

他想把宋玉也放逐出去，卻又有一絲不捨。

宋玉曾陪著他遊高唐、賞巫山，宋玉寫下的《高唐賦》和《神女賦》，是他的心頭摯愛。

除了宋玉，誰還能那樣清晰生動地描繪出神女那美豔動人的姿態？誰還能滿足他夢中對美人與權勢的嚮往？

「大王，臣想問一句，這是第幾次了？」

宋玉淡淡的語聲，將楚襄王的思緒拉回了現實。

楚襄王困惑地反問：「什麼第幾次？」

宋玉的態度仍然不卑不亢：「臣不過是大王身邊一個小小的文學侍臣，卻因為相貌俊美，能言善辯，一再被人中傷誹謗，每次有人跑來向大王說臣的不是，大王都會來責問臣，臣已經不記得這是第幾次了。」

楚襄王默然半晌，面色已經沉了下來。

宋玉問：「大王還記得那個在郢都裡遊蕩的歌者嗎？」

楚襄王說：「寡人記得，寡人已經明白你的意思了。」

宋玉卻彷彿聽不出他的意思，逕自說：「郢都的歌者唱〈下里〉、〈巴人〉這種通俗的歌曲時，城裡跟著他唱的有幾千人。當他唱〈陽春〉、〈白雪〉這種高雅的歌曲時，跟隨他唱的不過幾十人。曲高和寡，就如同燕雀不知道鳳凰的志向，鯢魚不通曉鯤鵬的胸懷。那些鼠目寸光的小人，不會理解我的信仰和追求。」

楚襄王點了點頭，已經不想再和他講話，揮揮手讓他離開。

宋玉行禮退下，表情中帶著一絲若有若無的譏諷。

楚襄王望著宋玉的背影，喉頭一癢，爆發出一陣劇烈的咳嗽。

他從宋玉腰間雪亮的佩劍上，看到自己垂垂老矣、帶著病容的臉。

無論想不想承認，他和他的楚國都已經無奈地步入了衰落。宋玉則風華正茂，正迎來他人生中最美好、最有力量的青年時期。

正如那日漸強盛的秦國，正張開它巨大的羽翼，將陰影覆蓋在整個荊楚大地之上。

楚襄王十九年，秦將司馬錯攻打楚國，楚國不敵，被迫割讓上庸、漢北地。

楚襄王二十年，秦將白起攻打楚國，取邪、鄧、西陵。

楚襄王二十一年，秦將白起攻陷楚都，襄王遷都於陳城。

當楚國在秦國強悍的攻勢下節節敗退，王上與貴族們都忙著慌不擇路地逃亡時，宋玉卻獨自站在汨羅江畔，焚燒著一篇悼詞。

他最敬愛的老師屈原，在被放逐了多年之後，終於從憂憤走向絕望，跳入了汨羅江中自盡。

沒有人願意為屈原作悼詞，他的不容於世，早已不是一天兩天。楚襄王的冷落與迫害，讓世人只敢發出附和之聲，肆意非議屈原的為人。

但宋玉從不在意世俗的眼光，在這個如斯險惡的世道，他的全部信仰和力量，幾乎都來自這位亦師亦友的尊長。

他看著手中灰飛煙滅的悼文，輕聲對著江水說：「從前我不明白老師的執念，還勸說過老師要韜光養晦，不要犯顏直諫，給自己招來災禍。那時候，老師訓斥我說，做官一定要秉持忠信，堅持自己的道，雖死猶生，否則就雖生猶死。老師終於為了自己的道而身死，而我宋玉，會用宋玉的方式，延續老師的志向與信仰。」

他大步離開江岸，唱起老師屈原的辭賦：

「路漫漫其修遠兮，吾將上下而求索。」

「青雲衣兮白霓裳，舉長矢兮射天狼。」

「舉世皆濁我獨清，眾人皆醉我獨醒。」

文／瑤華

宋文公・因帥得國的美麗傳說

陌上人如玉，玉色凝霜雪。

雪映寒枝梅，梅香迎皎月。

都說宋國新繼位的國君，長了一張極好看的臉。

他是宋襄公的孫子、宋成公庶出的兒子公子鮑。在惜墨如金的《左傳》裡，雖然只有三個字的形容，卻令人浮想聯翩：「美而豔。」

結合當時的審美風潮，這位應當是一個身材高䠷、鬚髮濃密、舉止得體，走到哪兒都非常吸引眼球的帥哥。

難道，公子鮑登上國君之位，就是因為他帥嗎？莫非宋國也流行「愛豆」打榜投票這一套？

宋國史官趕緊搖頭：「我們宋國是禮儀之邦，講究綜合素質。這人美心善，說的就是他！」隨即他拉出一牛車的竹簡，都是宋國日報的頭版頭條：《滿滿的溫暖：公子鮑親赴災區一線送糧食》、《七十歲老人的心裡話：公子鮑是咱的貼心人》、《公子鮑與宋國六卿談笑風生》、《熊掌、犀角、海貝中的情誼——公子鮑慰問國君親族》。公子鮑就是這麼樂善好施、禮賢下士。

鏡頭轉向公子鮑的府邸。在編鐘聲中，大門緩緩拉開。公子鮑走到哪兒，熱烈追捧的目光便跟到哪兒。雖然不一定有後世的「擲果盈車」那麼誇張，但各種表達愛意的歌曲應當不少。

在眾多熱烈的目光中，有一個身份特殊、年事已高的貴婦人。

她是宋襄公的遺孀、周襄王的姐妹王姬，公子鮑名義上的祖母。在宋國的女性裡，她說地位第二，沒人敢稱第一。王姬的行動力驚人，她對外貌俊美的公子鮑垂涎已久，直截了當地對他表示「欲通之」——想和你發生親密關係，看你同不同意吧。

公子鮑想了想，果斷地拒絕了王姬。

被拒絕之後的王姬不僅沒有惱羞成怒，反而在公子鮑高情商的安撫之下，和他達成了某種政治上的默契——你助我登上王位，我給你榮華富貴。

在得到王姬以宋襄公夫人名義的支持後，公子鮑有了一筆收買人心的「專項經費」，慈善工作不僅開展得有聲有色，與宋國公卿的結交也日益緊密。幾年的佈局下來，他在宋國人心目中的地位儼然高過了實際的國君宋昭公。

隨著公子鮑的實力日益坐大，下一步，就是取而代之了。

趁宋昭公外出打獵，王姬派人將宋昭公一舉弒殺。宋昭公之前就知道自己性命不保，但大勢已去，他只能坐以待斃。

公子鮑成功繼位，是為宋文公。

紙裡包不住火，晉國國君晉靈公趁機集結了衛國、陳國、鄭國等國的軍隊，聯合派兵攻打宋國，但因為公子鮑已經打下了比較深厚的群眾基礎，又有雄厚的財力打點其他諸侯，這一場風波最後不了了之。

這一場奪位之爭，就這樣被輕輕揭過。誰還敢說「美而豔」的宋文公，只是一個靠裙帶關係坐上國君之位的小白臉呢？

宋文公當上國君的第二年，宋昭公的兒子等人便發動戰亂，準備擁戴宋文公的弟弟公子須取代國君之位。這一次戰亂依然以宋文公的勝利收場，他毫不留情地殺死了作亂的弟弟、姪子等人。之後，宋國還曾與強大的楚國陷入持久戰，以宋文公派華元代表宋國求和收場，結局雖然不算很揚眉吐氣，但考慮到宋國的實力和楚國有差距，能夠保全自己已屬不易了。

宋文公在史書上的最後出場，是他奢華的葬禮。他是樂善好施的翩翩公子，也是野心勃勃的王位篡權人。他的一生，忍辱負重過，波瀾壯闊過，最終化為了千年後令人嚮往的一縷剪影。

公孫子都VS衛武公，誰是《詩經》裡的頭號男神？

宋文公、衛武公、公孫子都……《詩經》裡的這一大票男神都讓人心生嚮往，想知道大家公認的先秦第一美男是誰？給先秦的男神們瘋狂打 call！

關注問題　　寫回答　　邀請回答　　　　添加評論　分享　檢舉　…

查看全部2個回答

 ## 【子都篇】

樓主：古潮先生

108人贊同了該回答

先秦時期的第一美男，這一票當然要投給子都啦！

作為春秋戰國時期的頭號男神，如果你熟讀《詩經》，肯定對子都感到不陌生。在先秦時期，子都就是英俊美男的代名詞，無數追星少女等在青青河畔邊，只為一睹子都的英姿。

這位風靡各國的超級偶像，到底是誰？

根據《左傳》記載，公孫子都又名公孫閼，是春秋時期鄭國的貴族大夫，他不僅長相俊美，還能征善戰，深受老闆鄭莊公的喜愛。

當時天下形勢比較亂，幾個鄰近的小國經常互相看不順眼，打來打去。鄭國在鄭莊公的治理下，國勢強盛，隱隱有成為春秋霸主的趨勢。國家強大以後，鄭莊公就打起了旁邊的小國——許國的主意：「天氣逐漸炎熱了，就讓旁邊的許國破產吧。」

鄭莊公打定主意後，在一個問題上犯了嘀咕：鄭國的人才太多了，這麼重要的戰役，讓誰去當先鋒呢？

猶豫來猶豫去，鄭莊公決定搞一次「鄭國 101 選秀」，誰贏了讓誰當先鋒。

在當時，戰車是國家實力的象徵，其在戰場上的威力不亞於我們現在的坦克。

贊同108　　42條評論　　分享　　收藏　　感謝　…　　收起

公孫子都VS衛武公，誰是《詩經》裡的頭號男神？

為了準備這次選秀，鄭莊公拿出了珍藏的豪華戰車，並宣佈：「誰能第一個搶到輛豪華戰車，誰就是我鄭國的先鋒！」

「好！」聞言，考叔第一個跳到車上。

考叔，也是鄭國的大夫，為人正直，勤政愛民，因為將潁地治理得特別好，又被稱為潁考叔。

除了治理國家以外，考叔內心還有個征戰沙場的夢想，只是平時沒機會展現自己。這次好不容易有個公平競爭的機會，當然得積極表現。

圍觀群眾正想鼓掌叫好時，另一人也衝了出來，直奔戰車而去。

大家仔細一瞧，這人正是大名鼎鼎的春秋第一帥哥 —— 公孫子都。眼看子都來勢洶洶，情急之下，考叔「挾輈以走」，拉起車轅就跑。

告辭！

子都當然不能眼睜睜看著考叔贏過自己，他隨手抄起武器就追了上去，沒想到考叔的體力還不錯，子都累死累活追了許久都沒追上。

結果很明顯了，鄭莊公便兌現諾言，讓考叔當了先鋒。

從沒有這麼丟人過的子都很生氣，後果很嚴重。

過了兩個月，準備就緒的鄭軍，聯合其他兩個諸侯國一起去找許國的麻煩。大軍將許國圍了起來，考叔作為先鋒，身先士卒地舉著大旗登上牆頭，還沒來得及比個勝利的「V」，一支冷箭「嗖」地從後面飛來，將考叔射了下來。

射箭的人正是公孫子都。誰讓考叔之前得罪了他呢？現在正是報仇的好時機。

戰場上刀箭不長眼，運氣不好被射死是很常見的事，其他人也沒多想。來不及

公孫子都VS衛武公，誰是《詩經》裡的頭號男神？

哀悼考叔，後面的瑕叔盈趕緊拿著軍旗登上城牆，高喊道：「許國已破，我們的國君已經登上了牆頭！」

許國人一聽，士氣減了大半，鄭國軍隊一鼓作氣，攻破了許國。

你可能要說，這子都的才德不行啊，這麼一個小肚雞腸的人，長得再美，也夠不上先秦美男子的標準吧？

偏偏子都逆時代潮流而行，不僅在《詩經》中留下了姓名，還成了先秦時代美男子的代名詞。可見，腹黑美男也是很有魅力的！

| 贊同108 | 42條評論 | 分享 | 收藏 | 感謝 … | 收起 |

更多回答

你猜我是柳馥嗎
俄的驕傲，不允許俄就此戰敗流淚

108人贊同了該回答

我不同意樓主。子都是先秦最有名的美男子沒錯，但是這個人不管是身份還是相貌，目前在歷史上都是存疑的。

《左傳》中的確記錄了公孫閼和潁考叔的爭車事件。公孫閼字子都，他是鄭桓公的孫子，他的父親公子呂是鄭莊公的叔叔，他本人是鄭莊公的堂弟。

然而，公孫閼未必是公孫子都。史書中根本沒有記載公孫閼的樣貌。《詩經·鄭風·山有扶蘇》說到子都，不見得就是公孫閼，也可能是重名嘛。

公孫子都VS衛武公，誰是《詩經》裡的頭號男神？

《毛詩序》云：「《山有扶蘇》，刺忽也，所美非美也。」這首詩的原意是用來諷刺公子忽並不是真正的翩翩君子，也可以進一步理解成徒有其表。這裡的公子忽是鄭莊公的長子，他是一個帥哥，可惜樣貌和情商不成正比，他三次回絕了齊侯嫁女的美意，所以才被人暗罵狂且和狡童，比不了傳說中的美男子都、子充。子都和子充他們具體是誰，《詩經》沒有給明確的答案，只是用子都、子充來對應狂且、狡童罷了。其後，孟子曰：「不知子都之姣者，無目者也。」這裡也一樣沒有特指具體的人物。有學者認為在古代「都」和「姝」兩字音相近，這裡說的子都是說子姝。姝，按著《說文解字》是美的意思。再換一句話說，子都也可以理解成子美。

我靠臉吃飯的！

真的！

子美，在春秋戰國時期，可是非常常見的名字。當然，子都也好，子美也罷，這種名字跟棄疾比起來，都得甘拜下風。《左傳》裡叫棄疾的人實在是太多了。楚康王的五弟叫棄疾，他的御士依舊叫棄疾，晉頃公的名字也叫棄疾（也寫作去疾）。關鍵，三個棄疾差不多是同一個時期的人物。這還是記載在《左傳》裡的，沒記在史書裡叫這個名的人大概更加多。

言歸正傳，棄疾這名是可以重名的，那為什麼子都就不能有重名呢？在沒有任何特指的情況下大家誇的子都，根本不一定特指的是公孫閼嘛。這樣對比一下，子都美男的含金量有些值得懷疑呢。

贊同108　　42條評論　　分享　　收藏　　感謝 …　　收起

公孫子都VS衛武公，誰是《詩經》裡的頭號男神？

秦文公、衛武公、公孫子都……《詩經》裡的這一大票男神都讓人心生嚮往，想知道大家公認的先秦第一美男是誰？給先秦的男神們瘋狂打 call！

關注問題　　寫回答　　邀請回答　　　　添加評論　　分享　　檢舉　　…

查看全部2個回答

你猜我是柳馥嗎
俄的驕傲，不允許俄就此戰敗流淚

108人贊同了該回答

　　剛反駁完樓上的子都迷妹，接下來該為我們先秦版的「唐太宗」衛武公拉票了！

　　雖然衛武公在現在沒什麼知名度，不過先秦時期他可是板上釘釘的超級美男。不信你看看《詩經·衛風·淇奧》：在淇水的那邊，綠竹林子的深處，有一位翩翩君子。他學問好、品德佳，樣貌俊氣度廣，而且為人很風趣，相當開得起玩笑。這麼一位完美的君子，就是我們的男神衛武公。

　　衛武公，名曰和，是衛釐侯的次子。按理說，作為次子，皇位輪不到他來繼承。古人立嗣，講究的是長幼有序，沒有規矩不成方圓。當時，衛國的太子是衛武公的哥哥太子余。太子余這個人沒留下太多記載，但是可以肯定的是他不太會經營自己的形象，處處都被自己的弟弟搶了風頭。

　　衛釐侯比較偏愛次子，經常賞賜他很多財物，衛武公暴富之後瞬間將財物揮霍一空──別誤會，衛武公是幹正經事去了。他借此收買了許多武士，待自己老爸一死，他便帶兵偷襲了自己的哥哥衛共伯，將其逼入衛釐侯的墓道。在絕望之下，衛共伯自殺了。兄終弟及，衛武公終於成了衛國的國君。

　　這故事聽起來似乎有點耳熟，沒錯，唐太宗李世民走的也是這條曲線登位的路線。雖說聽起來不太光彩，但這等謀略跟果敢，簡直是一個完美政治家的必備品質！

公孫子都VS衛武公，誰是《詩經》裡的頭號男神？

　　根據《史記》的說法，衛武公繼位之後就開始施惠於民，求諫納言，重修康叔之政。康叔是衛國的第一任國君，在位期間廣修德政，使衛國得到了穩定發展。

　　衛武公一上臺就開始效仿自己的先人重修德政，一直到他九十五歲高齡的時候，他還跟身邊的人說：「你們大家不要認為我年紀大就嫌棄我，國中的大小事情，我從來都是恭敬從事，你們有什麼諫言可以直說。就算你們臨時想到一兩句，也請務必記下來給我。」

　　除此之外，衛武公晚年還幫助周平王東遷。由此，衛國被周平王從侯國提升為了公國。

　　作為一國之君，衛武公的作為幾乎是完美的。有仁德，再加上長得帥，衛武公完美符合了我心目中的先秦男神標準呢。

「貧僧」

看你長得有
點帥呀！
衛武公的那
種帥。

賛同108　　42條評論　　分享　　收藏　　感謝 …　　收起

詩經小課堂開課啦

《詩經》教你一秒鐘點滿誇人技能
文 / 玳瑁梁

　　談到「男神」，你多半會想到那些有名有姓的全民偶像，類似「宋玉」、「潘安」這樣的存在。只要一提到他們的名字，大家就知道此人帥得毋庸置疑。

　　在質樸的先秦時代，同樣存在著這樣的人物。他的名字叫作「子都」。《詩經・鄭風・山有扶蘇》：「山有扶蘇，隰有荷華。不見子都，乃見狂且。」

　　山上有茂盛的扶蘇，池裡有美豔的荷花。我沒見到子都美男子啊，偏遇見你這個小狂徒。

　　孟子論證大道理的時候也提到過「子都」。《孟子・告子》記錄孟子說：人心相同的地方，在於對「理義」的認同，就像是一提到子都，天下的人都認為他美。不知道子都好看的人，簡直是有眼無珠！

　　有了先秦「大Ｖ」孟子的論斷，子都自然而然成了美男的代名詞。子都究竟有多美呢？

　　很遺憾，目前連子都這個人是誰，史學界暫時也還沒有定論。「公孫子都爭車」、「暗箭傷人」事件成了後世戲劇的題材，因為相同的名字「子都」，大家覺得可能是一個人，於是把他塑造成了相貌俊美、心胸狹窄的形象。

　　然而公孫子都實際外貌如何，《左傳》沒有任何記載。相比之下，幾百年後戰國時期的美男子鄒忌就要有憑據得多。在《戰國策》裡明

確記載他「身長八尺，形貌昳麗」。究竟是《左傳》那時候的創作風氣比較嚴肅，史書不輕易誇人容貌呢，還是公孫子都不過是用了一個流行的好名字，本人其實其貌不揚呢？這已經成了一個謎。

先秦時期的「男神」們，除了長得帥，還應該具備什麼樣的條件？讓我們翻開《詩經》尋找答案。

在《詩經》創作時期，也就是人人都愛「子都」的年代，大家傾向於以豐碩為美。那時男子身材高大、體魄強健，最是討人喜歡。如《邶風·簡兮》中描寫的「碩人俣俣，公庭萬舞，有力如虎，執轡如組」。

碩人，就是身材高大的人。俣俣，身軀魁梧的樣子。這位受作者讚美的碩人，可能是一位舞師，他在朝堂庭前跳舞，動作有條不紊、英氣逼人。加之他「赫如渥赭」——臉色紅潤有光澤，更是令人心折，國君也賜酒給他。

光有大高個兒，就可以算美男子了嗎？那就把我們先民的審美想得太簡單啦！

《衛風·淇奧》唱道：看那淇水岸邊的翩翩君子，樣貌如翠竹一般頎長優美，他品德良善，風度莊嚴，胸懷寬廣，談吐幽默風趣……

這就是那個時代的「男神」標杆。

此人說的是衛武公，衛國的第十一任國君，走的是仁德兼修的道路。衛國在他的治理下，百姓們過得很舒心。

遇到這樣內外兼修、文才武略、個人魅力爆表的男神，你就可以引用《淇奧》這首詩來衷心地誇他啦：文采好，有修養，那是「如切如磋，如琢如磨」；情商高，言辭美，那是「善戲謔兮，不為虐兮」。

《齊風·猗嗟》裡也具體地描寫了一個帥哥，那是對一個俊美射手的全面讚美。說他身材高挑，眉目清俊，「舞則選兮」節奏合拍，「射則貫兮」

厲害了古人

百發百中。看完這樣的描述，幾千年前那個射箭場上雄姿英發的射手如在眼前，我們彷彿能感受到當時人們熱烈追捧的目光。

這個人是誰呢？一些注釋家認為是魯莊公。司馬遷在《史記‧刺客列傳》中記載，魯莊公是一個愛好勇力的人，他射術精妙，身姿敏捷，是一名健美型型男。

但魯莊公也並非一個有勇無謀之輩。西元前 684 年，齊桓公率大軍伐魯國。魯國的賢人曹劌問莊公：「我們依靠什麼來迎戰齊國？」

莊公回答：「我這個人很有博愛精神，經常把好吃好玩的東西分給別人。」

曹劌說：「這不過是小恩小惠，一般百姓享受不到，不會跟從您作戰的。」

莊公又說：「我對鬼神特別虔誠，進貢時我從來不虛報貢品的數量。」

曹劌說：「這不過是小信用，神不會保佑咱們。」

莊公想了想，又說：「等等，我還有查案的技能！不管什麼訴訟案件，我都會認真調查處理。」

曹劌這才滿意地說：「這是忠心盡力為民辦事，可以憑藉這點一戰，請讓我跟隨您一起去吧！」

你瞧，這番對話，謀士言辭鋒銳，國君態度溫文，從中我們能感受到莊公虛懷納諫的胸懷。這樣的人物，還「頎而長兮」、「清揚婉兮」，有顏值，有風度，又有實力，當然算是美男子裡的佼佼者了！

有趣的是，那時人們看重的才能，不僅有經世致用、射箭駕車、打獵言談，還有一項非常「親民」的才能 —— 善於喝酒。

《鄭風‧叔于田》裡說：「叔于狩，巷無飲酒。豈無飲酒？不如叔也，洵美且好。」哪裡是沒人喝酒呢？但誰都不如這位「叔」俊秀啊！

你知道嗎？

飲酒這事兒為什麼要特意拿出來說呢？大概是因為飲酒後的舉止最能考驗人品吧！

《論語・鄉黨》裡特意提到孔子他老人家「唯酒無量，不及亂」。就是說，要心裡有數，喝酒有風度，不至於失態。陳國的公子敬仲為了避禍逃到齊國，齊桓公接納了他。敬仲請桓公喝酒，到了天黑時分，桓公要求點上燈火接著宴飲。敬仲就辭謝說：「我只知道白天招待您，晚上招待就不敢奉命了。」人們由此對敬仲大加讚賞：酒是用來完成禮儀的，敬仲不讓君主飲酒過度，這才是「仁」的境界呀。

有志成為男神的小夥子們，端起酒杯來！考驗你們的時候到了！

綜上所述，在先秦，一個人如果有才貌而無德，也不能順利摘得「男神」的桂冠。但一旦你通過了衡量的標準，那麼《詩經》的作者們絕對不會吝惜他們的讚美。

他們會說「彼其之子，美無度（《魏風・汾沮洳》）」。看這位男神啊，美得沒邊兒了！

他們會說「言念君子，溫其如玉。（《秦風・小戎》）」。我思念的這位君子，他就像潤澤的玉石一樣具有仁德之美。

還是上面說過的那首《衛風・淇奧》：這樣的人啊，「如金如錫，如圭如璧」。

什麼是真正的男神？說的就是你！

詩經小課堂 結業啦

-------------- END --------------

亂世的中堅守

II · 魏晉站

夜中不能寐，起坐彈鳴琴。

薄帷鑒明月，清風吹我襟。

漢末軍閥混戰：魏晉時代的序幕

黃巾之亂從底層掀起了東漢帝國的種種矛盾，雖然張角兄弟的起義軍在一年之內便被迅速剿滅，但黃巾餘黨的影響卻一直持續到公元185年以後的漢末天下。隨著東漢帝國最後一代外戚何進與最後一批權宦的火併消亡，被何進招進來的董卓專權，則代表了地方實力派軍閥時代的到來。

掌握州郡資源的地方豪族決定了漢末軍閥的興亡，也決定了最後脫穎而出的曹孫劉三家都必須依靠地方豪族的實力，才能維持住自身的統治，這樣的皇權從一開始就是妥協性極強的。

三國鼎立：魏晉時代的前半場

公元220年曹丕代漢，公元221年劉備稱帝，公元229年孫權稱帝，魏、漢、吳三皇權鼎立的局面在公元3世紀20年代逐漸成形，魏晉時代的前半場由此開始。

曹丕曹叡父子時期的曹魏政權（公元220年－公元239年）維持了將近20年的明君統

主題稿＼動盪百年的魏晉時代

特約嘉賓：寒鯤

魏晉為什麼能形成獨特的名士時代？

治，在這20年間，曹魏政權南抗孫權、諸葛亮，刺殺鮮卑軻比能、北滅遼東公孫淵，整個國勢還算是蒸蒸日上的。但曹叡死後，權柄被宗室曹爽所把持，他所推行的「正始改制」，通過削弱州中正權力、撤銷郡級政區、反對奢侈之風，這些舉措其實正是針對中央門閥與地方豪族的，希望通過這些舉措來削弱大小豪族的實力，從而加強曹魏君權。奈何曹爽的改革太過驟急，他軟禁郭太后、任用親黨的舉措，也很不得群臣之心，所以曹爽的改革也便被大小豪族們迅速撲滅。

司馬懿趁勢利用了曹魏元老們對於曹爽改制的反對，發動高平陵之變，從此開啟了司馬懿父子三人接力侵蝕曹魏皇權，並最終取而代之的歷史進程，曹魏的國勢至此也衰落了下去。

諸葛亮蔣琬時期的季漢政權（公元223年-公元246年）維持了20多年的賢相統治，在這20年間，季漢政權通過諸葛亮的安定蜀中、平定南中、北伐關隴，實現了關羽、劉備兩度戰敗後季漢野戰軍力的涅槃重生，而且還在政治水準上，維持了一段時間相當清明公正的統治。

奈何，季漢政權僅僅憑藉益州一州之地，是無法獲得優秀政治人才的持續補充的，而跟隨劉備入蜀的功臣後代又很難達到父輩的水準，益州本地豪族也對這幫子外地人搶佔了自己的政治經濟資源而不滿。所以，到了季漢後期，劉禪昏庸於上，姜維、黃皓、陳祗、諸葛瞻等人又不能協同一心，國力衰敝，人事不濟，這才給鍾會、鄧艾提供了可乘之機。

孫權中年時期的東吳政權（公元220年-公元242年）維持了20多年的英主統治，在這20年間，孫權任用陸遜坐鎮上游荊州，自己坐鎮下游揚州，陸遜在荊州屢屢對曹魏襄陽一帶用兵，孫權則在下游對曹魏合肥一

帶用兵，並且孫權還頗為自信地派人航海到夷洲等地，保持著多渠道的對外聯絡。不過，到了孫權晚年，由於前太子孫登去世，孫權在新太子孫和（居南宮）、魯王孫霸之間游移不定，造成了東吳朝堂分化成了南宮太子黨與魯王黨兩派，兩派的爭儲鬥爭直接削弱了東吳的政治穩定，造成了由軍事勳貴、地方豪族構成的東吳統治集團的內部裂痕。再加上孫權死後，諸葛恪、孫峻、孫綝三大權臣的冒進執政、殘殺政敵甚至廢立君主，東吳政權內部又在公元252年到公元258年間進一步陷入內耗困局之中，國勢從此也是一蹶不振。

司馬晉的篡魏與一統：魏晉時代的中場調整

在公元249年到公元280年間，司馬氏三代四人先後平定淮南三叛、入蜀消滅季漢政權、平定河西鮮卑樹機能、順江而下吞滅東吳，用了30年的時間方才完成篡魏與一統的大業。在這個過程中，司馬氏家族先後違背對友人的政治承諾（司馬懿指洛水為誓言不殺曹爽）、辜負曹丕曹睿兩代主君對於司馬懿的托孤信任、在宮城指派手下公然弒殺魏帝曹髦、處死名士嵇康，背負了太多的政治污點，忠義仁信等儒家核心理念被司馬氏家族踐踏了個遍。

司馬氏的這種充滿污點的篡權行動，在當時可是史無前例的第一次，之前實現篡權稱帝的王莽與曹操都沒有幹過這麼多的「髒事兒」。所以，司馬氏的篡權稱帝行徑，對於當時的士大夫階層之道德倫理實乃一大令人瞠目結舌的衝擊，對於這種衝擊最為激烈的反映正是「竹林七賢」們的放浪形

骸，「竹林七賢」代表了當時不甘與司馬氏同流合污的士人心理，尤其是嵇康、阮籍、劉伶三人態度最為堅決。

不過，司馬懿父子充分吸取了曹爽改制的教訓，始終沒有對門閥豪族動刀，反而是徹底把自家的新皇權建築在門閥豪族的支持之上。在西晉建立以前，司馬懿父子即便打擊政敵，也絕不株連政敵之家族，並且積極通過聯姻的方式，使得司馬氏家族與世家豪族形成婚媾關係網絡。這就使得世家大族們即便耳聞目睹了司馬氏的種種不忠不義行為，也會在司馬氏的權勢拉攏下，投效司馬氏父子，以致於「同流合污」反而成了魏晉之際時勢的主流，竹林七賢那樣的不合作反而成為了孤獨的少數。最終，即便曾經躋身竹林七賢的山濤、向秀、王戎也沒能擺脫司馬氏權勢的招徠，成為司馬氏的高官。

公元263年，鍾會、鄧艾在司馬昭支持下實現入蜀滅漢的大業，成功征服西南地區，從此魏晉中原政權便獲得了對於南方東吳政權的戰略優勢。公元280年，西晉滅吳成功，至此實現西晉王朝的大一統，結束了持續了整整一個世紀的動盪。

西晉的困頓與內耗：魏晉時代的後半場

在西晉一統剛剛實現後的20年間，先後有司馬炎主政的太康十年（公元280年-公元289年）與賈南風、張華主政的元康九年（公元291年-公元299年），為天下帶來了兩段相對穩定的十年，但無論是司馬炎在最後十年間的新朝創制，還是賈南風在削除外戚與宗室政敵之後依靠張華維持的朝局，其實都是一種迴避根本矛盾、溫水煮青蛙的統治狀態。

司馬炎雖然有很多新朝創立以後的制度建設，但這些制度建設都是立足於保障世家豪族利益的：通過占田制保障門閥豪族的經濟利益，通過

《泰始律》保障門閥豪族的政治特權，沿用九品中正制來保障門閥豪族的世家權勢，這是司馬炎沿襲司馬懿父子拉攏世家豪族政策的表現，而且也是對司馬懿父子拉攏政策的集大成。

不過，司馬炎並沒有完全縱容世家豪族，他還通過多次分封宗王試圖培植宗室力量，這是司馬炎對於曹魏被篡教訓的反思結果。所以，司馬炎不僅分封宗室諸王，而且還讓他們「之國就藩」，擁有一定的宗王武裝力量，引發了後續的「八王之亂」。

司馬炎的政治主張基本上塑造了西晉的基本制度，賈南風支持下的張華僅僅是在維持朝局，並沒有在制度建設上變更司馬炎所定的基調。本來賈南風在元康初年殺害外戚楊駿、楊洮、楊濟以及宗室司馬亮、司馬瑋，僅僅是一次上層政治鬥爭，並不影響西晉政局基本盤。但賈南風在元康九年妒殺皇太子司馬遹，則直接動搖了皇權政治的根本所在 —— 儲君，為宗王干政提供了絕佳的口實。司馬倫、司馬冏、司馬顒、司馬乂、司馬穎、司馬越先後起兵入洛，從公元299年先後動盪到公元307年，持續了整整七八年的時間。

這七八年的政治鬥爭不再僅僅是宮廷政變，也是六個王爺所掌握的西晉武裝力量之間的內戰，這次內戰嚴重消耗了西晉在北部中國的國防武裝力量。八王之亂與起義遍地為長城沿線的張軌、拓跋鮮卑、段部鮮卑、慕容鮮卑提供了打著西晉旗號趁機坐大的良機。

八王之亂的勝利者司馬越得到的僅僅是一個遍地狼煙的天下，他擁立傀儡晉懷帝司馬熾，僅僅維持了五年，便被劉聰、石勒所攻滅。洛陽淪陷於匈奴鐵騎之下，以晉愍帝司馬鄴為首的西晉殘餘勢力在長安苟延殘喘，直到公元316被前趙劉曜攻滅，西晉政權便徹底滅亡了。

綜上，魏晉時代其實是一個在政治局面上相當憋悶的時代，不是把時間精力消耗在了對外作戰上，便是消耗在了內部鬥爭上。西晉政權有一段時間的穩定時期，但西晉統治者卻更習慣以妥協的方式獲得世家豪族之支持，這就塑造了兩晉政治的基本格局，最終使得東晉走進了門閥政治這個死胡同。

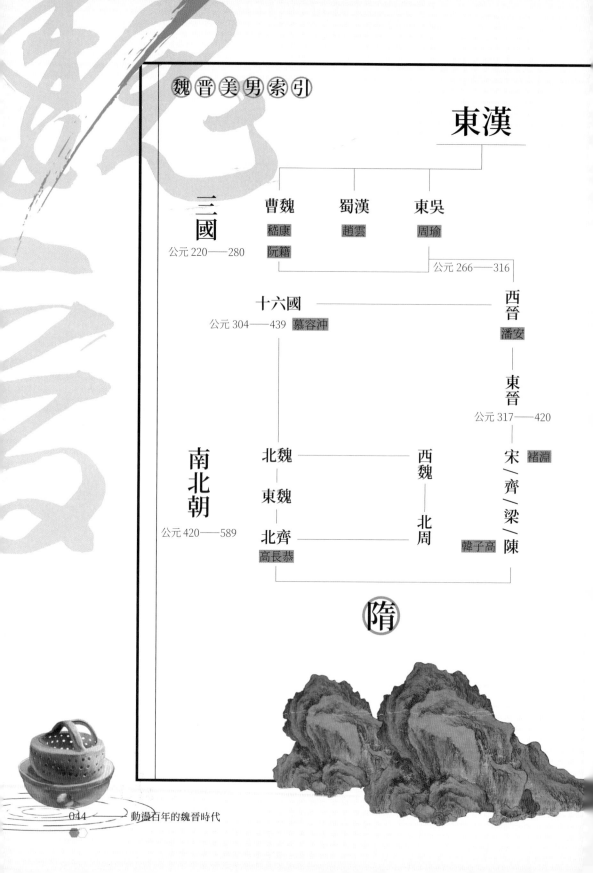

魏晉美男索引

東漢

三國
公元 220——280

曹魏
嵇康
阮籍

蜀漢
趙雲

東吳
周瑜

公元 266——316

十六國
公元 304——439　慕容沖

西晉
潘安

東晉
公元 317——420

南北朝
公元 420——589

北魏

東魏

北齊
高長恭

西魏

北周

宋/齊/梁/陳
褚淵

韓子高

隋

仇英 《竹林七賢圖》

文／晚照

嵇康＼千古風流成絕響

嵇叔夜之為人也，巖巖若孤松之獨立；其醉也，傀俄若玉山之將崩。

　　嵇康的一大愛好是打鐵。家中小廝們猜測嵇康可能是想中和一下自身的書生氣質。

　　自家主人才華卓越，琴棋書畫樣樣精通，樣貌也是一等一的好，簡直是人中龍鳳。雖不說，自家的小廝們其實也都是嵇康的小迷弟。但嵇康是何等人物，小僕人們這點心思早被他看穿，他開始「恃寵而驕」了。

　　不僅打鐵，還不喜歡洗澡洗頭。常常蓬頭垢面半個月，家中僕人都受不了，催著自家主人去沐浴，，水都給打好了，他還不情願，磨磨蹭蹭半天才去。

　　家中的小廝們決定，以後給自家主人定個日期，每隔五天，一起使勁兒壓著嵇康去沐浴。管他願意不願意，維持主人形象可是僕人們的必備課程。

　　小廝們將自家主人的形象打理得很好，嵇康的一眾好友在炎炎夏日圍觀過嵇康打鐵後，仍能感慨他氣質脫塵、不落俗套。

　　東平的呂安，和嵇康的家可是一南一北隔得相當遠，但每次一想到嵇康，他便特地千里駕車前來拜見。

　　小廝們心想，這裡面我們的功勞可不小，要不你看到的可就是蓬頭垢面、臭熏熏的嵇康大人了。

　　這呂安也是個恃才傲物的人。他駕車拜訪嵇康不是每一次都能見到對方，一次恰逢嵇康不在家，敲了門之後發現開門的竟然是嵇康的哥哥嵇喜，當下就是一個白眼翻了過去，絲毫不因為這倆人是兄弟而給嵇喜好臉色。

　　呂安轉身就在門上寫了一個「鳳」字，留下不知所措的嵇喜在原地。「鳳」，拆開是凡鳥的意思。

　　當時小廝們都嚇壞了，想著怎麼給自家主人收拾這個爛攤子，好在嵇

喜是個心大的人，隨意笑笑就過了，也不太在意。小廝們舒了一口氣，隨即在心裡暗暗地竊喜：自家大人的名氣真大，好像更加崇拜大人了。

才名廣了，又有「龍章鳳姿，天質自然」的不俗容顏，免不了會受到朝廷的招攬，嵇康本無意仕途，他生平最愛的便是瀟灑於天地間。

本來嵇康娶了曹操的孫女長樂公主的時候，小廝們還為嵇康擔憂，會不會以後自家大人就不能肆意而活、瀟灑度日了。因此新夫人進門之時，家中上下人等都頗為緊張。

好在公主是個知書達禮的人，性格也與嵇康情投意合。嵇康礙著面子接受了個五品小官後，就與夫人一同待在家裡過著閒適的神仙眷侶生活。後來小少爺和小小姐出生了，嵇康的小廝們又開始操心這倆小祖宗，宅子裡人都過得甚是安逸。

有了知心夫人和家中小廝們的打理，嵇康依舊是那個整天瀟灑的風流人物，和志趣相投的好友們打鐵、品酒，好不快活。

小廝們特地給自家主人的朋友都編了個小手冊。

一起打鐵的朋友叫向秀，酒量不行，一杯倒，但在打鐵上卻和自家主人合作得相當默契。兩人常常在院內的柳樹下，一人掌錘，一人鼓風，畫面不要太撩人。

一起品酒、暢談老莊的好友是山濤和阮籍，自家主人和他們第一次見面就相當投契，整日黏在一起都快成連體嬰了。主人時常夜不歸宿，為此還鬧了一個笑話。

山濤的夫人韓氏，何曾見過夫君與他人如此親密，她是個憋不住話的人，沒過多久，韓夫人便直截了當地問山濤他們到底是怎麼回事。

山濤當時被問得有些哭笑不得，拍了拍自己的大肚子，語氣認真嚴肅地和妻子說：「你看看，這天底下，能做我的朋友的，就只有這麼兩位了。」

看著夫君語氣認真，韓夫人倒也沒了疑慮，只是內心好奇了起來，這般人物做派，自己也想見見。她婉轉地提出自己的小心思。

老婆的意願，那是肯定要滿足的。只是在當時，內宅婦人隨意見外男不合規矩。但辦法，都是人想的。

一日，阮籍、嵇康又來到山濤家裡做客，三人喝開心了，一看已經快要黃昏，回去怕是深夜了。山濤便拿出準備好的飯菜好生招呼這倆好友，並留他們住宿。三人相熟已久，阮籍、嵇康二人也不見外，當下就答應了。

山濤一見可行，悄悄對著屏風後面使了一個眼色，事兒成了。晚上三人在房內相談甚歡，韓夫人一人則在牆後，從早已鑽好的洞中窺視二人。

這一看就停不下來，韓夫人哪曾見過如此風采卓絕的名士，加之嵇康又有著天人之姿，談吐之間氣度不凡，看著看著捨不得挪開眼，一晚上就這麼過去了。

山濤沒想到自家夫人如此可愛，第二日本想去房內詢問妻子情況如何，哪知夫人還呆立在牆外遲遲不肯走。他趕緊把夫人扶到屋內坐下，得意地問：「我這朋友如何？」

韓夫人晃了晃腦袋，試圖清醒過來。她語重心長地對自己的丈夫說：「你竟然能和他們做朋友，你們的才華完全不在同一水平線。」山濤有些小情緒了，轉過身有點吃醋地「哼」了一聲。

韓夫人繼續道：「但你呀，氣度大，見識廣，也配得上和他們交朋友了。」山濤聽到夫人這話，感覺自己在夫人心中還是有點地位的，拍了拍胸脯：「那是，他們也這樣說呢。」

嵇康的小廝們最討厭的一個人，是一個叫鍾會的極端黑粉。

鍾會身份可不簡單，年紀輕輕就官居要職，其父更是當時赫赫有名的書法家。按理說，他長得肯定不差，才華也是數一數二的，可他偏偏迷上了嵇康。

　　他寫了一部《四本論》，跑到嵇康的家門口畏畏縮縮不敢進。最終鍾會踩了踩腳，將自己的作品朝著嵇康的院子裡一扔，也不管扔在哪兒了，一溜煙兒就跑得沒影了。

　　回到家後，鍾會每天在家急得抓耳撓腮，等著嵇康的回音。今兒問小廝，明日問婢女，後日問管家。家裡的僕人都被這位少爺給問煩了。

　　鍾會想著，這樣等下去也不是個事兒，是好是壞總得有個音訊。他索性鼓起勇氣準備再次登門拜訪。哪知到了門口又糾結了起來。

　　本來心就焦急，哪知院牆裡又響起了嵇康「叮叮咚咚」的打鐵聲，敲得鍾會越發不耐了。

　　也不知嵇康是沒看到自己的作品，還是根本不屑一顧，眼瞧著這樣著實無趣，鍾會轉身準備走了，哪知此時嵇康說話了。

　　「你來幹什麼？沒聽到我在打鐵嗎？」（「何所聞而來，何所見而去？」）

　　「哼，我知道你在打鐵。」（「聞所聞而來，見所見而去。」）

　　鍾會自幼受人追捧，哪裡受過這種委屈，小心眼地給嵇康記了一筆，從此扛起了嵇康頭號黑粉的大旗。

　　小廝們本以為這只是個插曲，但而後的事情卻超出了他們的想像。

　　起先只是為了躲避司馬氏的徵辟，嵇康舉家遷往河東，面對好友的舉薦，一封看似決絕的《與山巨源絕交書》，字字譏諷嘲弄掌權階級，嵇康徹底與司馬氏撕破了臉皮。

　　西元 263 年，嵇康的好友呂安因其兄弟的不堪之舉，被誣告入獄，嵇康出面為好友作證。鍾會藉此機會，向司馬昭進言陷害嵇康。

　　「昔太公誅華士，孔子戮少正卯，以其負才亂群惑眾也。今不誅康，無以清潔王道。」

行刑之日，嵇康面色坦然，不見一絲退卻後悔之意。

廣陵奏罷，世間再無嵇康。

自此，一代名士的生命終究是走上了絕路。

是非不由己，禍患安可防。

使我千載後，涕泗滿衣裳。

嵇康家中的僕人被四散罰沒，但他們相信，自家主人留給這世間，一定不止那「龍章鳳姿」的天人之姿。

文／晚照

阮籍＼對酒當歌，人生幾何

夜中不能寐，起坐彈鳴琴。
薄帷鑒明月，清風吹我襟。

阮籍一直對司馬氏無感，甚至很是厭煩。

他的父親也是曹魏那一方的，世人皆說他站錯了隊。父親卻不以為然：「對或錯都是他人眼中的，自己只需守住本心就好。」

但父親也和他說過，生活在這亂世之中，活下去才是最為重要的，為人一定不要太過剛硬。

那時的阮籍還不太懂父親的意思。三歲的時候，父親去世了，但有母親的陪伴加之父親的名望，生活也談不上太苦。

阮籍小時候便才華橫溢，容貌瑰傑。自己也從不曾懶惰，勤奮好學，小小年紀便是當時有名的神童。

長相英俊，性格孤高，放蕩不羈，氣度非凡。可能是父親的話一直在腦海中不曾忘懷，很長一段時間，阮籍在為人處世方面甚是冷漠，這是他最開始避禍的方式。

王昶對這一點很有話語權。阮籍的父親才名廣傳，他自幼也是聰慧過人。十七八歲的時候，阮籍跟著叔父到東郡去閒遊。當時王昶正任兗州刺史，想著怎麼著也要見上這小才子一面，人邀請到了，酒菜也備上了。哪知阮籍「終日不開一言」，一整天了，一句話也不說，兩個人就這麼乾坐著。

王昶非常尷尬，但也不好說什麼，他心胸大，想著可能這就是才子的傲氣，著實深不可測，也就此作罷。

但即便阮籍再怎麼寡言高冷，也躲不過司馬氏的招攬。

司馬昭看上阮籍很久了，他決定用聯姻的辦法拉攏他。

第一天，他派使者前往阮籍的住處，想要得以一見並說明來意。人是見到了，卻是一個東倒西歪、醉醺醺的阮籍。使者一看，都醉成這樣了，估計說了也沒什麼用，便離開了此地，司馬昭也知道阮籍愛喝酒，擺了擺

手，今日也就算了。

第二天，使者又前來拜訪。還未敲門，酒香就已經飄散出來。不會又喝醉了吧……使者覺得自己有點倒楣，推開門縫瞧了一眼，阮籍已經醉得癱倒在地，不知道的還以為這位公子……使者只得無奈地回去回稟司馬昭，阮籍公子又醉了。司馬昭想了想，算了，喝酒的人都這樣，沒個三兩日清醒不了。

第三天，阮籍依舊沒清醒，甚至想要拉使者一起不醉不休。

第四天、第五天……

足足醉了六十多天，使者實在是受不了了，一把鼻涕一把淚地跑去和司馬昭訴苦：「主公，不怪我啊，你看看那阮籍，不給我活路啊，我真的盡力了。」聲淚俱下，差點哭暈在司馬昭腳下。

司馬昭這才明白了阮籍的意思，他哪裡是愛喝酒，分明就是拒親。司馬昭很是生氣，但阮籍怎麼說也未正面打自己的臉面，此事只能不了了之。

這是阮籍第一次深刻地體會到父親的那句「不要太過剛硬」的意思。

「魏、晉之際，天下多故，名士少有全者。」作為後世所評述的「竹林七賢」之一，阮籍當然無法在這股亂流中獨善其身，厭棄做官不假，但與其將來不得已被迫入仕，不如自己率先出招，反倒落個清閒。

之前阮籍已有過兩次辭官的經歷，且這兩次出仕的經歷算不上多好。好在阮籍本身隨遇而安，並不在意。

待到司馬昭輔政時期，阮籍知道自己大概率是逃不開了。起先已經靠著醉酒對付過一次，如今再這般，肯定是不行了。

司馬昭想要招攬阮籍的心思簡直不能太明顯，有事沒事就跑到阮籍家串門，阮籍愛喝酒，他便和阮籍一同喝。於是阮籍索性直接和司馬昭說：「東平這地方甚是美好，我曾經遊歷過東平，一直沒能忘記那裡的風土人情。」

　　司馬昭一聽，有戲，這人總算是開竅了。他二話不說，開心地授予了阮籍東平相的職位。接收到職位的阮籍，便騎著小毛驢，帶著酒，輕車簡行地前往東平。

　　到了東平，阮籍想著既然都來了，也不能整日飲酒消極度日，總得幹點實事。

　　第一件事則是將府衙周邊的圍牆給拆了。他這一動靜倒是嚇壞了身邊的小官吏，小官吏雖不解，也只能聽命辦事。圍牆一拆，從大街上路過的百姓一眼就能望到底。誰偷懶誰不務正業，一目了然。小官吏也是要面子的，為了樹立好自己的形象，大家每天精神倍兒好地在府衙內做事，辦公效率大大地提高。

　　第二件事，阮籍廢除了一些不必要的律令，他本就是一個不愛受禮法拘束的人，自己所管轄的地方自然也要少些繁文縟節。在保證了基本的治安基礎上，其他能省就省了。

　　兩件事辦完，東平這地方的百姓們還沒來得及感謝這位新到任的大人，十日之後，阮籍便騎著小毛驢慢悠悠地回去了。

　　這倒又讓司馬昭摸不著頭腦了，要說他沒做實事，東平那地方確實被他整治不錯，但這說走就走的個性又是怎麼一回事兒？他心想這不成，需再給阮籍塞一職位，把他留在身邊為己所用才行。

　　阮籍回來後，再次被任命為從事中郎。他也就應了，拿著俸祿做閒職，還有酒喝，這樣想想也不錯。

　　眼看阮籍如此得司馬昭的信任，鍾會心裡不樂意了。他本就在嵇康那裡討不著好，嵇康和阮籍又是當時舉世皆知的好友，鍾會下意識也很討厭阮籍。

　　他開始時常向阮籍詢問一些時事對策，想要從中找到阮籍的錯處。

阮籍厭惡鍾會，當然也知道鍾會的這點小心思，但他並不挑明。不想見怎麼辦？醉酒。

鍾會屢屢拜訪，都只得見一個酒酣耳熟的阮籍，世人皆知阮籍愛酒，哪怕司馬昭想要和他聯姻，他都日日醉酒，司馬昭也沒治他的罪。

加之司馬昭曾說過，阮籍這人就這樣，沒事兒就愛聊聊玄學，不說人長短，謹慎到極致。你還老去找他碴幹什麼。

一來二去，鍾會更沒辦法了，活生生吃了個啞巴虧。

鍾會罷手了。一個叫何曾的名士卻不甘心。當時恰逢阮籍的母親去世，阮籍自幼喪父，全靠母親將其撫養長大，母子感情相當深厚，他本身雖不拘禮法，但「性至孝」，喪期之中幾度吐血，整個人形容消瘦。裴楷前來憑弔之時，阮籍披頭散髮，酒醉得一塌糊塗，絲毫不見往日的瀟灑。

就在此時，司馬昭宴請天下名士前來赴宴。阮籍內心悲痛，但也前往赴宴。他期間大口吃肉，何曾眼見機會到了，便暗暗湊到司馬昭身側，說道：「您看看阮籍，他的母親剛剛去世就來赴您的宴，一點孝心都沒有。您正在以孝治國，阮籍非但來了，還喝酒吃肉一點都不忌諱，像什麼樣子。要我說，您應該把他流放到偏遠的地方，以正風俗教化。」

司馬昭不開心了，自己好不容易才將阮籍收為己用。這群人非但不懂自己的苦心，還想著將阮籍又推遠。

「你沒看到阮籍都消瘦成什麼樣了嗎？他來赴宴只是不願意拂了我的面子，他都如此悲痛，你還要我流放他？你不能分擔他的憂愁就算了，為什麼還這樣說呢？況且服喪時吃肉喝酒怎麼了，這也是符合喪禮的呀，難道非要一起死了才叫純孝嗎？」

何曾被司馬昭的話堵得面色漲紅，悻悻地縮回一邊。不遠處的阮籍聽到這番對話，絲毫沒放在心上。

到後來，司馬昭辭讓九錫之封，當時都知道這只是一個形式上的過程，公卿大臣紛紛做戲「勸進」。

阮籍也被迫捲入，他被受命起草勸進書。等到使者前來，阮籍已是酩酊大醉，但即便是這種狀態下，阮籍也逃不過使者的逼迫，他只得拿起筆違心地寫下了《勸進表》。

寫完《勸進表》不久後，阮籍便帶著一番醉意離開了人世。

《世說新語》寫道：「阮籍胸中壘塊，故須酒澆之。」身處亂世之中，無一名士胸中不抱有經世濟國之心，若非對朝局失望到極致，又有誰會終日沉溺於醉酒之中？

對酒當歌，人生幾何。

雖幾次捲入朝局，唯一值得慶幸的是，他守住了本心。

酒是他的朋友，也是他抗爭權貴的武器。或許酒後的世界，才是他真正期盼看到的海晏清河。

文／晚照

潘安・捲入紛爭的美男子

白玉誰家郎，回車渡天津。
看花東陌上，驚動洛陽人。

潘安從小就知道自己長得很好看。

　　小時候走在路上，時常能收到陌生人的禮物，末了還會拍拍他的頭，說道：「小朋友長得真好看。」小潘安表面上雖甜甜地笑了笑道謝，內心卻想，長得好看有什麼用，我以後定要出人頭地！

　　潘安的家族雖談不上豪門大家，但也是相當

有底蘊的儒學世家。父親和祖父都是當朝有名的大官，小潘安自幼便和父親一同宦遊於各地，見識甚廣。自己的才學雖不及父親，但在同齡人裡也是拔尖的，他不明白，為什麼大人們提到自己第一句話，卻是誇自己長得好看。小潘安很不服氣，他覺得自己一定要做出一番成績來給這些人看，自己可不是光有樣貌的花架子。

　　幸而司馬炎登基後開始改革，這下給了當時的名士們大展鴻圖的機會。潘安覺得屬於自己的時候到了，不能辜負自己這番才華。

　　小潘安等啊等，二十歲那年，他正式入仕，成了權臣賈充手下的一名幕僚。潘安雖長了一副唇紅齒白、秀麗柔美的小鮮肉模樣，但他骨子裡的剛強，以及積極入仕的決心可是比誰都強硬。

　　小小的幕僚並不能滿足潘安。恰逢此時晉武帝司馬炎，為了展現自己親民友善的皇帝形象，親自下田耕種。西晉百姓紛紛叫好，皇帝陛下都下田體驗底層勞動人民的生活了，咱們可得好好幹活。

　　文人朝臣也不甘示弱，一篇又一篇歌功頌德的文章遞上去，生怕自己落入下風。寫文章潘安可是不輸給誰，眼瞧著機會終於來了，他「唰唰」寫了一篇《籍田賦》悄悄遞了上去。

　　潘安文章寫得好，詞句之間不過於諂媚，情感也額外真摯。可惜這篇真情實感的文章司馬炎沒能看到，被潘安的上司賈充攔截了。

　　賈充是個小心眼的傢伙，一看這信就知道潘安藏著什麼心思，加之在當時潘安的才華名聲正盛，他二話不說，打壓了潘安十多年，到後來，索性將潘安貶離了政治中心，成了一個小小的河陽縣令。

　　此時距離潘安入仕，已經過了十年。而立之年的潘安非但沒能在政治上有所成績，反倒更加遠離朝局，窩在了一個偏僻的小縣裡。仕途上接連

遭受打擊，年紀輕輕的潘安竟鬢角生出了銀絲，他不明白為什麼自己就和官場如此格格不入，甚至第一次開始懷疑起了自己的能力。

但既然為官，哪怕是一個小小的縣令，還是得做點正事。河陽這塊地民風淳樸，百姓生活也十分愜意，就是這地方光禿禿的，潘安總覺得缺點什麼。他研究了一下當地的水土情況，先是在自家種了幾株桃花，待到花期，他發現桃花在此地生長得額外好。雙手一拍，他便號召全縣百姓一同栽種桃花。

河陽百姓只管溫飽，種花這種閒情逸致的活兒，他們之前從未想過。這話要是換別人來說，河陽百姓就不幹了。但此時的河陽縣令是潘安，西晉美男榜榜首的人物，河陽百姓心想，這縣令人長得好看還敬業，怎麼能辜負他對我們的期許呢？於是家家戶戶開始了種花的工作。

被栽種的桃花也很爭氣，茁壯生長，之後每臨花期，河陽一片片的桃林甚是繁茂，此地更是因為這一景，引得外地百姓紛紛前來觀賞。旅遊業得到了發展，百姓們的生活更好了。大家給潘安起了好些個美名 ——「河陽一縣花」、「花縣」。雖說「花」用來形容男子，在當時未免會顯得不合適，但這話放到潘安身上，估計也沒人敢質疑。

河陽被潘安打理得好好的，他心想，等再幹點成績出來，我肯定就離升遷不遠了。無奈潘安是個心氣高的人，恃才傲物，當時在朝堂上混得風生水起的人，比如山濤、裴楷等人，潘安很不喜歡他們。其中當然也有嫉妒的原因，論才幹能力，他自認不輸給他們，但如今自己只是個小縣令，他們卻步步高升。

文人的傲氣讓潘安藏不住心事，討厭人非要明說，不僅明說，還寫了下來，生怕山濤、裴楷不知道。

閣道東，有大牛。

王濟鞅，裴楷轙。

和嶠刺促不得休。

——《閣道謠》

鞅，指的是拉牲口的器具；轙，也是拉牲口的器具，一般指牲口屁股後的皮帶。刺促是用來形容人手忙腳亂的樣子。這歌謠明眼人一看就知道在罵人。

在當時，王濟和裴楷也在美男榜上，雖比不上潘安，也算是風流人物。罵我們是吧，這下潘安被調往離洛陽更遠的懷縣去了。

這十多年的縣令生涯不是白當的，調任後的潘安日子雖然依舊過得鬱悶，但仍舊沒有鬆懈，小小的懷縣被他打理得井井有條。

終於，潘安的名聲傳到京城了。時隔二十多年，潘安再一次走進了京城。

此時司馬炎病重，太傅楊駿權傾朝野。楊駿看中了潘安的才幹，將其引入門下做了太傅主簿。事情看似一馬平川地向前發展，潘安甚至可以想到以後自己的仕途是何等的風光。

可能應了那句話，上天給了你什麼，你註定有些東西便得不到。

楊駿的業務能力實在不行，在朝廷上沒蹦躂幾下，就被政敵給搞沒了。連帶著三族被誅滅，受其影響的足有千人。

潘安作為太傅主簿，慌神了。眼看著楊駿身邊的手下一個一個腦袋落地，他覺得自己的命運可能到頭了。

幸運的是此時出現了一個人，是潘安任河陽縣令時所結識的一位朋友，名為公孫宏。公孫宏早年貧困潦倒，鬱鬱不得志，但此人也頗有才華。

河陽那地方大多都是平民百姓，沒有多少能與潘安暢談儒學、品酒聽曲兒的人，潘安甚是欣賞公孫宏的才學，二人建立起了深厚的友誼。

直到後來潘安被調去懷縣，二人才因此斷了聯繫。

　　分開後，公孫宏輾轉成了楚王司馬瑋的心腹。而此人，正是楊駿的死對頭。如今楊駿一死，司馬瑋成了權傾朝野的人。

　　因著舊年的交情，加之潘安一定程度上也對自己有所助力，公孫宏立刻在司馬瑋面前給潘安說了許多好話，還說他當時因公事在外與此事並無關係，極力幫他撇清關係洗脫罪名，潘安才逃過一劫。

　　但經此一役，潘安被調往長安，又成了一位小小的縣令。後因母親生病，為了照顧母親，潘安終於辭了官賦閒在家。

　　仕途上的接連打擊，多年來的起起落落，潘安的心境也被折磨得心如止水。或許自己真的不適合為官，加之經歷過一次死裡逃生的僥倖，他開始覺得，活著才是最重要的。

　　此時恰好司馬衷繼位，但這皇帝實在沒什麼本事，傀儡般形同虛設。朝廷上的權力被當時的皇后賈南風所把控。

　　賈南風掌控了權力，第一件事自然是提拔自家人。故而，凡是和賈家沾親帶故的，一律被提攜了上來。此時一個重要人物出場了：魯國公賈謐，賈南風的外甥。

　　賈謐雖然在朝廷上權力頗大，但他還有一顆嚮往文學的心，平時就喜歡詩詞歌賦，時不時就在好友石崇的金谷園裡舉辦雅集，還有一個自己的小團體，如今稱之為「金谷二十四友」。賈謐和石崇熟，石崇和潘安又是好友，一來二去，潘安也成了這小團體的成員之一。

　　雖遠離了官場，如今卻攀附上了賈謐，日子過得反倒比以往更舒暢了。日子舒坦了，潘安飄了。

　　為了更好地穩固自己在小團體裡的地位，潘安一味地諂媚賈謐，文風也越發奔放。賈謐和賈南風看太子司馬遹早不順眼了，潘安便為此做了一篇文章，通篇都是罵太子大逆不道之詞。

　　此後太子被廢，潘安的這篇文章在其中起了很大的作用。但任憑賈南

風的勢力有多大，這西晉畢竟還是司馬氏的天下。

　　而後太子被毒害，這明目張膽的奪權，瞬間激起了群臣的憤怒。司馬倫、孫秀聯合齊王司馬冏闖進宮去了結賈南風跟賈謐，「八王之亂」由此開始。

　　賈謐沒了，這次再也沒有人能救潘安了。加之此次誅殺賈謐的人中有一個是潘安的死對頭 —— 孫秀。早年間潘安很是看不慣他的小人做派，還時常譏諷他。孫秀也不辜負自己這小人的名頭，一記就是十幾年，終於輪到他報復了。

　　西元 300 年，潘安和石崇全族被誅，無一倖免於難。

　　再一次面對死亡，潘安反倒是看開了，刑場上笑著對好友說：「當初我寫到『投分寄石友，白首同所歸』，如今竟是應驗了，沒想到咱們死在一塊兒，這可能是唯一值得說的事兒了。」

　　木秀於林風必摧之，潘安懂這個道理，但他從不願意因此有所隱藏。他有著非凡的面容，自幼成名，才名甚廣，肆意張揚、恃才傲物才是他該有的人生。

　　一生所求無他，唯願在官場上有所成績，家中妻子能共白首。只是到頭來，一切終究是一場空。

　　所求非所得，他終究被這紛擾的塵世所侵蝕。

文／琴城野老

慕容沖＼傳奇的人生不需要解釋

積石如玉，列松如翠。

郎豔獨絕，世無其二。

車輪轆轆，穿過雄偉的城門，一片熱鬧的景象映入眼簾。

這裡繁華似錦，氣象萬千。

這裡是大秦的都城，長安。

只是，再多的熱鬧與盛景，對於十二歲的慕容沖來說，都激不起他內心一丁點兒的愉悅。

他生平第一次來到長安，是坐著囚車來的。

百姓們懼怕軍隊的威嚴，大都遠遠地避開，只有幾個頑童好奇地追隨著囚車。

囚車裡的人容貌中帶著明顯的異族血統，尤其是那對看起來不過十幾歲的姐弟，女孩嬌俏明豔，男孩亦是清秀俊美，透著與生俱來的尊貴之氣。

頑童們學著大人的口吻，追著囚車喊叫：「白虜，白虜。」

鮮卑族人皮膚白皙，秦人多呼之為「白虜」。

慕容沖看向一個叫得最響亮的孩童，他頂著一張平凡的小臉，穿著帶補丁的舊衣，一看就知道來自貧寒之家。

可即便如此，他對這孩童也是羨慕的。

對方至少擁有自由之身，而他，已再也不是大燕的中山王，而是大秦的階下囚。

車隊浩浩蕩蕩地進入皇宮，載他駛向未知的命運，巍峨的宮門在他眼前緩緩關閉，將長安城的繁華隔絕在外。

皇宮之內。

慕容沖與姐姐清河公主跪在玉階之前，任由王座上的男人打量。

男人的目光是品鑑的目光，像看著一朵嬌豔的鮮花，一件華美的玉

器。慕容沖也微微抬起了眼，注視著眼前人。

這個男人，在不久前親自率領著大秦的軍隊，踏破了大燕的國都鄴城。

他看著自己的眼神，與看著姐姐的眼神是一樣的。

苻堅貪戀地盯著他精緻的眉眼，問：「你叫什麼名字？」

慕容沖揚起自己昳麗如朝陽的面容，朝他露出一個笑臉：「我叫慕容沖，小字鳳皇。」

苻堅開懷大笑，走下王座，將他們雙雙扶起，賞下許多珍寶。

慕容沖重新垂下眼睫，掩去了目中的陰霾。

不久後，長安城中開始流傳一首童謠：「一雌復一雄，雙飛入紫宮。」連街頭的頑童都知道，如今的秦宮之中，唯有清河公主和慕容沖這對姐弟最得皇上寵愛。

無數大臣心中湧起擔憂，上書勸諫，稱苻堅將慕容氏姐弟雙雙納入後宮有失體統，恐將招來禍亂。苻堅耐不住輿論壓力，只好將慕容沖送出宮闈，安置在長安附近的阿房城。

慕容沖倚欄而立，聽著城中的孩童唱起新的童謠：「鳳皇鳳皇止阿房。」他臉上不覺露出一絲意味不明的笑意。

這笑意落在苻堅的眼中，讓他覺得連陽春三月盛開的鮮花都要為之失色。

美少年悠悠回首，眉目如畫：「我將來會成為真正的鳳凰。我聽說，鳳凰是百鳥之王，非梧桐不棲，非竹實不食，陛下是天之驕子，可你有辦法將神鳥鳳凰永遠留在身邊嗎？」

苻堅哈哈大笑：「你且看朕如何留下你這只鳳皇！」

他命人在阿房城裡種下了數十萬棵梧桐和翠竹，整座城池，只為一人翠蓋如陰。

苻堅覺得自己就是天命所歸的霸主。

他在亂世中不停地征戰，很快就一統北方。西蜀和代國，一個個都像大燕一樣臣服在他的腳下，征服的過程帶給他無限的快意。

也正因如此，當臣僚們提醒他小心慕容氏，不要授以他們權柄的時候，他並沒有聽進去。

慕容氏的族人漸漸在秦國的官場立足，積累起了自己的實力。

而慕容沖，也從少年長成了青年，官授平陽太守。

他的外表愈加俊美，可誰也不知道他內心的陰霾究竟有多重。

他少年時常常望著故都鄴城的方向出神，成人後，卻常常望向阿房。

身邊的隨從曾與他說笑：「人人都說鳳止阿房，太守表字鳳皇，難道真的只有阿房城才是太守想要長住的地方嗎？」

慕容沖也笑了，他指了指自己遙望的那個方向：「輾轉多處，還是覺得那裡最好。」

許久之後，那名隨從才知道，慕容沖所說的「那裡」，不是阿房，而是長安。

在慕容沖滿二十四歲那年的冬天，一直伴隨著苻堅的好運終於消失了。

苻堅想一口吞下在南方固守的大晉，卻在淝水之戰中傷亡慘重，他率殘兵倉皇逃回北地，元氣大傷。

而當年僥倖保住性命的大燕皇族，則看到了復仇的機會。

太元九年，慕容沖的叔父慕容垂、兄長慕容泓舉兵叛秦，慕容沖起兵河東，率騎兵八千，與其會師，直逼長安。

苻堅獨自坐在皇宮中，面色陰沉地聽著一個又一個戰報。

「報！撫軍將軍苻暉兵敗不敵！」

「報！尚書姜宇在灞上作戰失利！」

「報！河間公苻琳身中流矢，傷重不治！」

「報！慕容沖已帶兵攻陷阿房城！」

苻堅再也忍耐不住，怒吼道：「區區一個白虜，為何這般強悍？」

傳令兵戰戰兢兢地道：「那慕容沖讓婦人騎著牛馬，舉竹竿為旌旗，揚塵擊鼓以壯聲勢，軍心大振，我軍……我軍潰不能敵！」

苻堅坐倒在王座上，腦中一時浮現出的皆是慕容沖身穿華服的俊俏模樣，他根本想像不出這樣一個人身穿戎裝會是什麼樣子。

他很快就看到了慕容沖戰甲加身的模樣。

他站在長安的城頭，看見一個騎著高頭戰馬、披甲持銳的年輕將軍，正率領著一支虎狼之師，朝長安衝殺而來。

苻堅在城頭上怒罵：「你們這群只配放羊的奴隸，為什麼要來送死！」

慕容沖高聲喊道：「昔日受你奴役的奴隸，今日就來把你取而代之！」

時至今日，苻堅仍然不敢相信眼前看到的一切。

他抱著最後一絲希望，派使臣送了一件錦袍給慕容沖。

「陛下口諭：你遠來辛苦，這件錦袍送給你，聊表朕的心意。朕自問待你不薄，昔日的情分，你竟分毫都不念了嗎？」

慕容沖聽著使臣的轉述，諷刺地一笑：「回去告訴苻堅，我現在心繫天下，豈能顧念一件錦袍的恩惠？如果他識相，就主動投降，也許我會看在過往的份上寬赦苻氏。」

他丟棄了那件華麗的袍子，次年正月，慕容沖在阿房稱帝。

苻堅聽到軍士們說，阿房城如今再無從前的滿眼綠意。那些梧桐與青竹，早已被戰火和鮮血吞沒。

苻堅再看見慕容沖時，是太元十年的五月。

慕容沖終於帶兵攻破了長安，苻堅身中數箭，一路逃亡，被羌族的首領姚萇勒死在新平的一座佛寺裡。

站在長安城頭的人，換成了慕容沖。

他看著城中的兵士們燒殺搶掠、無惡不作，俊美的面容上毫無波動。

他看著大秦的百姓們哭泣、奔逃，就想起昔日大燕城破時那相似的情景。那個當年在囚車外叫他「白虜」的孩子，不知今日是何等心情？

他覺得自己現在應該是快樂的，他終於得到了長安，報了仇，復了國。

可他又隱隱覺得，這快樂中摻雜著一絲怪異的、不舒服的感覺。

他想要打敗苻堅，可當他真的打敗了苻堅，卻發現自己變成了和苻堅一樣的人。

也許他終將與苻堅走向相同的命運，可他並不後悔……慕容沖這樣想著，甩袖離開了城頭。

太元十一年，左將軍韓延反叛，殺慕容沖。

長安城裡，再無人唱起鳳止阿房的歌謠。

高長恭‧能征善戰的面具王者

文／晚照

蘭陵王長恭性膽勇，而貌若婦人。

乃著假面以對敵，數立奇功。

高長恭小時候過得很是艱難。北齊是個尚武的國家，大家都有著威武雄壯的身軀，對力量有著絕對的追崇。高長恭自幼便生得一副瓷娃娃的樣貌，長得格外秀氣，漂亮異常，但絕不是當下人所喜歡的面貌。身旁的隨從告訴他，有人在暗地裡說他長得像姑娘，一點兒男子氣概都沒有。

他曾經偷偷將心中的委屈和旁人說起，但那人卻是一臉嘲笑地看向他，覺得他明明出身高貴，卻如此矯情，對他的苦衷十分不屑。

也是，外人眼中他的父親可是當今皇上的哥哥，被追諡文襄皇帝的大功臣。

高長恭曾努力地想要討好父親，想讓父親多看自己一眼，每每得到的卻是父親淡漠的眼神。

後來他知道了，原來是因為自己的母親，他記憶中從未見過母親的樣貌，不經意地提起，得到的卻是周圍人的譏諷。有人說他的母親是一位宮女，有人說他的母親只是民間的一位無名之輩，總之，母親的身份之低讓父親都羞於提起。

或許連自己的出生都是個意外。

但既然能托生於這世間，活下來，才是首要的事。這是高長恭幼年唯一的目標。

沒有父親的疼愛和母親的庇佑，想要活下去首先面對的便是他的兄弟。

大哥名叫高孝瑜，是個容貌魁偉、身形雄毅之人。大哥從小性情敦厚，很是聰慧。他自幼在神武帝的宮中長大，雖說母親的位份也不高，但得到了爺爺的庇佑，自然不用謹小慎微地過日子。

二哥高孝珩是個愛好閒情逸致的文人，不僅才華斐然，且畫得一手好畫。據說他臨摹的畫經常讓人誤以為真，並且在政務方面也頗具才幹。

三哥高孝琬的母親是靜德皇后，身份高貴，自幼便沒受過多少苦。他性格率真、膽識過人，肆意而活，是小高長恭最為羨慕的一種人了。

五弟高延宗的母親身份也很低下，但他自小便被他叔叔、後來成了文宣皇帝的高洋收養了，高洋對他很是寵愛。

小高長恭知道自己沒資格和他們爭，只得將自己偷偷藏起來。他從未告訴過別人，雖然父親不喜歡他，但父親卻是他最為崇拜的人。

他曾在自己的小院子裡拿著木質的長槍偷偷地模仿著父親的身形比畫，一招一式到位極了。高長恭心想，論才學，自己是定然比不過哥哥們，唯願有朝一日能揮舞著長槍、帶領著軍隊馳騁在戰場上，打一次漂亮的勝仗給父親看。

天不假年，高長恭八歲那一年，他的父親遇刺身亡。

聽到消息的那一瞬間，小高長恭愣了半晌，他不敢相信在戰場所向披靡的身軀竟然就此隕落了。院子裡舞動著木槍的少年，失去了他的英雄。他甚至想，如果不生在這亂世，父親、母親乃至自己的兄長們，是否現在正安穩地生活在一處僻靜的小村落，過著與世無爭的悠閒日子。

可這亂世之中，哪裡還有安定可言？處處硝煙彌漫，處處屍山血海。

12 歲的高長恭此前從未親眼看見過戰場的無情，但自父親死後，夢中離不開的便是父親在戰場上廝殺拚搏的血跡。

父親沒有做完的，那就由我來做吧。12 歲的高長恭在心中立下了此生最為鄭重的誓言。

西元 560 年，高長恭正式被封為蘭陵王。

西元 563 年，先是突厥的軍隊攻入晉陽。此時已經是并州（今山西）刺史的高長恭率兵趕赴戰場，一舉破敵，大獲全勝。此次戰役中，他起到的作用微乎其微，但這卻是他人生裡的第一場戰役，多年的隱忍終於得以

釋放。

　　22歲的蘭陵王長相依舊和幼時那般精緻，卻多了份屬於男子的剛毅與果敢，他為自己做了一頂頭盔，大到足以遮住臉，金屬的冷意泛著幽光，直直震懾著敵人。

　　西元 564 年，邙山之戰，蘭陵王高長恭的名字第一次被人叫響。

　　此時一群北周的軍隊圍堵在洛陽，而高長恭依舊在并州這塊地。接到消息後，他帶著一眾將領從并州趕到洛陽救援。洛陽城下，城裡的北齊小士兵看著氣勢洶洶的隊伍心裡十分害怕，帶頭的人還是個戴著大頭盔看不到面貌的人，這頭盔看得讓人很是心慌。

　　小士兵分不清是敵是友，也不敢擅自行動。大喊一聲：「來者是誰？」城外的高長恭一愣，這才記起自己帶了個頭盔，趕緊拿下頭盔示意自己的身份。看到他的臉，城裡的士兵終是舒了一口氣，援軍來了。趕緊派弓箭手開始放箭保護他，讓他進城。而後北周的軍隊被高長恭收拾得灰頭土臉棄營而走。

　　此次大捷後，一首〈蘭陵王入陣曲〉在軍中唱響。

　　而後的幾年間，高長恭率領自己的隊伍打過大大小小無數的戰役，從未敗過。民間的百姓們甚至賦予了他「戰神」的稱號，好像有他在，北齊就能所向披靡。

　　戰爭與名聲所帶來的榮譽卻始終沒有讓高長恭亂了心神，在他心中，自己離父親還差得遠。

　　後來高瑋問高長恭，他當初進洛陽的時候為什麼不擔心自己會被城內的友軍射殺。

　　高長恭毫無芥蒂地回答道：「國事就是我們的家事，在戰場上誰在意這個。」

　　國事？家事？你姓高，這天下也姓高，但如今的皇帝是高瑋。蘭陵

王的一句不經意的話卻在高瑋心中埋下了猜忌的種子。

每每聽到〈蘭陵王入陣曲〉，高瑋總覺得高長恭想要謀逆。

西元 573 年，再也受不了的皇帝終於動了殺心，一杯毒酒送到了高長恭面前。

酒杯拿在手裡的時候，高長恭有過一陣的失神。

身側的妻子哭著問他：「你從未想過謀逆，為何不向陛下解釋一番？」

高長恭搖了搖頭，戰場上鋒芒畢露、意氣風發的不敗戰神，此生唯一的熱血都賦予了他的國家，如今卻換來了這番待遇。自己所追求的到底是什麼？

他似是釋懷般歎了口氣，一口飲下毒酒。他的心定是牽掛著戰場，但他此刻最想見到的人，卻是他的父親，他想親口告訴父親一句，孩兒如今是戰神，孩兒做到了。

父親，你聽到了嗎？你會滿意嗎？

韓子高

文／琴城野老

韓子高／被演義化的少年將軍

宗之瀟灑美少年，舉觴白眼望青天，皎如玉樹臨風前。

韓蠻子非常不喜歡自己的名字。

蠻子……聽起來不好聽,寫起來也不好看。

可是,像他這樣窮苦人家出身的小孩,名字大抵都不怎麼樣。即使不叫蠻子,也會被叫作狗蛋、二傻、三麻子什麼的。

所以,當那位雍容高貴的官員問他,願不願意改個名字跟隨自己的時候,韓蠻子幾乎沒有任何猶豫就答應了。

「從今天起,你就叫韓子高。」官員溫和地說。

韓子高,韓子高……

他默默地吟讀,反覆地吟讀,喜悅的心情溢滿了十六歲的少年心。

新的名字,是不是也意味著新的命運?韓子高不知道,他只知道,官員給他取的名字他很喜歡,官員本人也讓他很喜歡。

其實那天他原本只想蹭個車回家鄉,沒想到遇見了官員,糊裡糊塗就有了進入官宦人家侍奉的福氣。

後來他問其他人:「主公看中了我什麼呢?」

對方十分坦然地回答:「因為你長得好看呀。」

韓子高知道自己長得好看,大家都說他清麗俊美,就像女子一般。俗話說愛美之心,人皆有之,容貌美麗的人,運氣都不會太差。

但韓子高覺得,除了美貌,自己一定要有別的本事,才對得起主公的看重和提攜。

接下來的幾年,韓子高的心情一直都圍繞著五個字波動:萬萬沒想到。

萬萬沒想到,他跟隨的人就是鼎鼎大名的吳興太守陳蒨。

萬萬沒想到，三年後，陳蒨的叔父陳霸先奪權稱帝，建立大陳，陳蒨被封為臨川郡王。

萬萬沒想到，短短兩年之後，先帝病故，陳蒨繼位，成了大陳的新帝，他也有了官職，被任命為右軍將軍。

不過，對於韓子高來說，窮小子也罷，侍從也罷，右軍將軍也罷，他都是韓子高，僅此而已。

就像主公，他是吳興太守陳蒨也好、臨川郡王陳蒨也好，大陳皇帝陳蒨也好，他始終還是那個主公。

無論什麼時候，韓子高對陳蒨都是恭敬謹慎，侍奉盡心。他為陳蒨端酒送食，甚至隨身帶著刀，時時保護陳蒨的安全。陳蒨也一直十分寵愛他，教他騎射，配給他士卒，他想學的都可以學到。

兩人幾乎形影不離，絕少有分開的時候。

他們唯一的一次分離，是討伐張彪那一次。

本來陳蒨的兵馬已經佔領了城池，不料張彪回軍偷襲，陳蒨被迫從北門逃出，兵卒都被沖散，敵軍又咄咄逼人，情勢陷入萬分危急之中。

「為今之計，只有冒險突圍，找到鎮守在附近的周文育將軍，請他馳援，才能解除困局。」陳蒨說。

韓子高毫不遲疑，拱手請命：「子高願往！」

陳蒨怔了一下。在他心裡，韓子高還是那個稚氣未脫、永遠恭謹地跟在自己身後的美貌侍從。他從未想過，他與自己也會有生死交托的一天。

他在火光與劍光中看到韓子高俊俏而帶上了幾分堅毅的臉，才恍然發覺，不知從什麼時候起，韓子高已然真的有幾分少年將軍的樣子了⋯⋯

韓子高沒有來得及與陳蒨訣別，就轉身衝入了亂軍中。

夜色黑沉，他眼前看見的都是刀槍與戰火，耳中聽到的都是廝殺與搏鬥聲。

但韓子高沒有絲毫的懼怕。此時此刻，他腦中想到的不是輸贏，也不是生死，而是一個夢。

那是陳蒨的一個夢。幾年前，陳蒨從睡夢中驚醒，他緊緊握住韓子高的手，很久都沒有放開。

韓子高問：「主公夢見了什麼？」

陳蒨說：「我夢見自己騎著馬登山，道路險峻，我差一點跌落山崖，危急時刻，有一個人及時伸手扶了我一把，我才安然無恙。」

他面含微笑，握著韓子高的手更用力了些：「就是你的這雙手，我記得這種感覺。子高，你必是我命中的賢才良助！」

那一刻，韓子高心中震動，不知說什麼才好，只覺得能得到陳蒨這樣的信任，哪怕為他赴湯蹈火也心甘情願。

他帶著與那天相同的心情，一路衝殺出去，沒有半點遲疑和畏懼。

他最終奇跡般地闖出了亂軍，找到了周文育，引著陳蒨和軍士們進入周文育的軍營中，合力打敗了張彪。

自此，浙東地區全線平定，陳蒨的聲威也有了很大的提升。他將大部分的人馬都交給韓子高統領，韓子高禮賢下士，軍士們都樂於歸附於他。

做了皇帝的陳蒨仍然十分信任和喜愛韓子高，賜給他封邑和縣子的爵位，封他做了將軍。凡是韓子高舉薦的將士，陳蒨也都愛屋及烏，欣然任用。

天嘉二年，一群小宮女偷偷聚在宮牆邊上，朝建康宮的方向張望。

「聽說韓子高將軍平定了留異之亂，今天要入宮面聖，消息絕對可靠。」

「我聽璇璣殿的姐姐們私下裡議論，說韓將軍長得比汪貴妃還好看

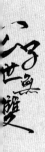

呢！」

「噓，來了！」

宮女們緊張地看過去，卻齊齊被嚇了一跳！

只見一個二十多歲的青年快步走向宮門，他長相俊美清麗，若不是身穿甲冑，幾乎就像是一個美貌的女子，的確比宮中最得寵的妃嬪還要好看。

可是他脖子上裹著厚厚的藥布，似乎受了重傷，頭頂的髮髻也被削去了一大片，看起來十分嚇人。

「真是不明白，明明靠美貌和寵愛就能過得很安樂，為什麼還要去戰場上拚死拚活呢？」一個小宮女喃喃地說。

一個更年長的宮女若有所思地說：「美貌有時會成為一種負擔。那麼多人都說韓將軍是以色侍君，可他為大陳流過的血和汗又有幾人真正看得見呢？」

韓子高在天嘉六年的時候脫下了心愛的甲冑。

陳蒨病倒了，韓子高又換上普通的服飾，進入宮中精心侍奉在皇上左右，就像很多年前他剛剛追隨陳蒨的時候那樣。

次年，陳蒨駕崩。

韓子高覺得，自己生命中的一部分彷彿也隨著陳蒨的離世而死去。

年幼的小皇帝看起來是那樣單薄無措，而站在旁邊的輔政大臣皇叔陳頊，目光則沉穩銳利，隱隱包藏著對權力的渴望。

韓子高知道，自己淡出朝堂的時候到了。

然而，放棄了京中的權力，交出了手中的兵權，也沒有換來一個安穩的餘生。

一年後，陳頊以謀反的罪名將韓子高下獄，當夜賜死。

在生命的最後一刻，韓子高又想起了十六歲那年，自己在返鄉的路上

初遇陳蒨時的情景。

「從今天起，你就叫韓子高。」

韓子高閉上眼睛，心緒隨著那個熟悉的聲音漸漸飄遠。

他在心中無聲地說：如果有來世，我還要做韓子高。

（ㄕˋ）
世

（ㄕㄨㄛ）
說

（ㄒㄧㄣ）
新

（ㄩˇ）
語

（ㄅㄚ）
八

（ㄓㄡ）
週

（ㄎㄢ）
刊

魏晉娛樂
頭條八卦

追星少女看過來，
你喜歡的偶像都在這裡！
走過路過不要錯過，
錯過等十年！

欸～你們聽說了嗎，潘公子和夏公子組合啦！

天吶！他們兩個嗎？太帥了吧！

果然是強強聯手！

據說叫什麼PXboys呢～

潘安 × 夏侯湛

PXboys
最美男團橫空出世！

　　小惠是一名普通的西晉追星少女。只是她追的明星，不是別人，正是著名的美男子潘安。她隔壁的小美，則喜歡富家公子氣質的夏侯湛，平日裡兩人互相看不順眼，經常為誰的偶像更美這種問題產生爭論。

　　這天，小惠聽說潘安來了，她立刻拿著準備好的蔬菜水果，前去大街上一睹偶像風采。沒想到，半路上，她竟然遇到了隔壁的小美。奇怪，這傢伙難道爬牆喜歡上了潘安？

　　小惠順著人流賣力地向前擠，終於看到了自己心儀的美男子潘安……和另一位美男子夏侯湛在一起。兩人結伴同行，神態親密，隱約在討論著什麼「通韻」、「作賦」之類的東西。圍觀少女們紛紛尖叫：「太帥了吧！」、「這兩人在一起簡直就是玉之連璧！」

　　從此，小惠和小美有了共同的追星目標──Ｐ（潘）Ｘ（夏）boys。

快！PXboys 就在前面～

今日頭條

吐槽小王子孔融

不是我說，在座的各位都是垃圾

在魏晉時期，小透明要想一舉成名，必須結交當地名士，混進當時的文人圈子。

孔融的父親也是這麼想的。他帶著年僅十歲的孔融來到洛陽，去拜見當時的監察部一把手、大名士李膺。

兩人興沖沖地來到李膺家後，被門衛攔了下來。李膺這種大人物，當然不能隨便拜訪，必須得是有頭有臉的人物才行。

很明顯，孔融跟他父親都不怎麼符合通行標準。

情急之下，孔融靈機一動道：「我是李膺的親戚。」

玖籬真是可可愛愛呢！

門衛左瞧右瞧，都沒看出這小孩子跟李膺有啥親戚關係。出於禮貌，他進去通報了一聲。沒想到，李膺竟然讓孔融進來了。

孔融跟父親進去以後，李膺上下打量他道：「奇怪了，你跟我有什麼親戚關係？」

孔融機智地回答：「從前我的先人孔子，曾經拜您的先人老子為老師，這樣看來，我們簡直是世代交好的親戚啊！」

說得好有道理，令人完全沒辦法反駁呢。

所有人都在讚歎孔融的聰明才智，只有陳韙在旁邊有些酸酸地說：「小時候很聰明的人，長大以後一般都不咋地。」

孔融眨了眨眼睛，說：「那我猜你小時候一定很聰明吧。」

陳韙：「……」

王戎惹爭議

要被踢出七賢席位

大家都知道，竹林七賢裡面的人物如嵇康、阮籍等人，不僅風度翩翩，還活得瀟瀟灑灑，幾人經常在竹林裡吟詩飲酒，十分快活。

不過近日，竹林七賢中年紀最小的一位王戎卻引起了大眾熱議，起因竟是一枚小小的李子。

王戎家有一大片果林，裡面種的全是李樹。他們家樹上結出的果實，又大又甜，是遠近聞名的知名農產品。王戎想賣掉這些李子大賺一筆，又怕有人拿到李子核之後假冒偽劣他們家產品，於是他在每個李子核上鑽了個洞。

圍觀群眾十分震驚，還有這種做法？！

又有小道消息稱，每天王戎都會跟自己老婆一起在蠟燭底下數錢，活脫脫一個魏晉版的「吝嗇鬼葛朗台」，哪有什麼恃才傲物的名士風采，由此引起了竹林七賢粉絲的強烈不滿。

不過，王戎身上的銅臭味，他的好朋友兼推薦人阮籍也有所察覺。有次竹林七賢裡的幾人聚在一起玩耍，王戎是最後一個到的，阮籍便跟他開玩笑：「這個俗物又來敗壞大家的興致了。」

王戎倒是一點都不玻璃心：「你們的興致如果我都可以敗壞，那也太不值錢了。」

雖然粉絲們不待見王戎，不過王戎跟阮籍的關係依然不錯，看來，王戎將繼續保留自己在團體裡的一席之地。

今日头条

揭秘美白秘訣：五石散

「美容大王」何晏

國民美男何晏向來以膚白聞名，近日，何晏為本欄目獨家揭秘其美容秘方：「服五石散，非唯治病，亦覺神明開朗。」

所謂的五石散，是一種中藥散劑，據說最早是由東漢大醫學家張仲景發明的，藥性燥熱，能根治傷寒，因此也叫「寒食散」。

五石散的毒性很大，吃起來很麻煩，作為五石散的代言人，何晏率先將藥方略做改良之後服用，打開了人生的新天地：吃了五石散之後，不僅能治病，而且精神好了，腰不酸腿不疼，一口氣上七八樓都不喘。長期服用，更能使皮膚柔嫩細膩，達到美容養顏的效果。

據不願意透露姓名的劉先生表示，百分之八十的當代名士，例如裴秀、嵇康、王戎、皇甫謐、賀循、王羲之、王獻之、王微、鮑照等人，全都偷偷服用過五石散。

藥藥，切克鬧，有病沒病來一套！

大名士阮籍移情別戀，日日睡在酒家老闆娘身邊

本人用行動回應：純屬子虛烏有

據悉，阮籍的好朋友王戎過來找他玩時，兩人經常去鄰家的酒壚喝酒。恰好酒壚的老闆娘長得特別漂亮，阮籍喝醉之後，就躺在老闆娘身邊呼呼大睡。

老闆娘的丈夫感覺自己頭上有點顏色，他趁著阮籍大醉的時候，躲在旁邊悄悄觀察，想來個捉姦在床，沒想到阮籍真的就是單純的喝醉睡覺而已，對美豔的老闆娘一點都不感興趣。

老闆娘老公：「還有這種手段？！」

呀！……快去看看。

欸，聽說酒館老板娘娘很漂亮啊！

今日头条

嵇康發表新作《與山巨源絕交書》

嵇康與山濤的友誼

陷入巨大危機！

本報絕密消息，「竹林七賢」發生了內訌！據悉，曾經的好基友嵇康與山濤，因為一封信鬧了矛盾：山濤想勸嵇康出仕當官，接替自己原來的官職。

嵇康收到信之後很生氣：「哼，最討厭司馬家那群偽君子了，我才不要去呢！」

為此，嵇康寫下《與山巨源絕交書》，兩人友誼的小船說翻就翻。不知道司馬家族對此有何感想，本報後續將對司馬昭進行獨家專訪。

你可能感興趣的還有：

第 48 屆竹林品酒會，阮籍 × 嵇康連袂主持

本周最 hot 單曲〈最炫洛神賦〉

已見風姿美，仍聞藝業勤。

清秋上國路，白皙少年人。

【智慧擔當】
周瑜＼江東風流美丈夫

文／琴城野老

曲有誤，周郎顧。
一曲新聲慘畫堂，可能心事憶周郎。

在遙遠的東漢時代，生活在吳越地區的青春期少女們想要向男神表達芳心的時候，有一種很獨特的方式，那就是給男神彈曲兒。

不但要彈，還要故意彈錯幾個音，以博得男神的注意。

所以，那時候的少女日常追男神的情景，通常是這樣的——

少女春花：「技術討論：如何毫無破綻地彈錯曲譜，成功引起周郎回頭？」

少女夏荷：「我認為時機很重要，萬一彈錯的時間沒把握好，周郎喝

多了沒聽出來，那就尷尬了。」

少女秋月：「妳想太多了吧，我們周郎的音律造詣一向精湛，就算喝上一斤酒，也照樣聽得出彈奏者出現的小差錯。」

少女冬雪：「周郎周郎看看我！」

這些少女們所討論的，就是發生在當時東吳一位男神身上的真實典故「曲有誤，周郎顧」。而這位「周郎」，就是東吳的名將周瑜。

要知道，在古代，「郎」這個字可不是隨便用的，只有年輕俊秀的男子才可以被稱為「郎」。就像周瑜這樣，不但相貌堂堂，還擁有精通音律這項加分技能，這才贏得了「周郎」的美名。

帥到讓萬千江東少女為他芳心牽動，不惜彈錯曲調也要博得他一個眼神，想想也知道周瑜的相貌不是一般的俊美了。後世的人常常借用這個梗，來描寫女子對姿容俊秀的男子表達傾慕之情。

對於周美男的形象氣質，那些認識他的人都給予了很高的評價：

首先是周瑜的好朋友兼第一任boss孫策稱讚道：「周公瑾是我兒時玩伴，人長得帥又很有才，和我搭檔那叫一個默契無雙。」

第二任boss，孫策的弟弟孫權也不含糊誇道：「周公瑾就是上天賜給我的瑰寶，才貌雙全，沒有他，我就當不成皇帝。」

東吳陣營將領八卦團：「我們主公孫權最喜歡賜周瑜衣服，一年下來能送他上百件。我們都沒有這個待遇，只有看著他隔兩天就換一身造型的份兒。周瑜打了勝仗回來，主公還命人撒花迎接，難道長得帥就是有特權嗎？」

孫權：「好衣服和小花花，就應該送給長得帥的人！」

就連對家蜀國的領袖劉備也不得不承認：「周瑜確實相貌出眾，文武

雙全。這種人是不會滿足於只當個二把手的吧？你們東吳孫家確定不防著他點？」

孫策、孫權、東吳陣營將領異口同聲：「想黑我們東吳的顏值加智慧擔當嗎？你挑撥得太明顯了！」

三國著名梟雄曹操也表示劉皇叔真是太天真：「我早聽說過江左有個周瑜，年少有美才，當年就秘密派蔣幹挖過牆角，可惜沒挖過來。話說回來，如果周瑜這麼容易就投奔了我，他在大家心目中的形象也就沒這麼完美了。」

當然，對周瑜的形象概況得最經典的，還要數蘇東坡那首膾炙人口的《念奴嬌·赤壁懷古》：

遙想公瑾當年，小喬初嫁了，雄姿英發，羽扇綸巾。談笑間，檣櫓灰飛煙滅。

讓我們來想像一下這個畫面：頭戴綸巾，手搖羽扇的周瑜，舉手投足間都顯得風度翩翩，光彩照人。與人說笑閒談的時候，就完成了火燒赤壁、擊退曹操幾十萬雄兵的壯舉。

這是周瑜人生最巔峰的時刻，那一年他三十三歲，官拜東吳大都督，與劉備合兵，揮師三萬，在赤壁和曹操決戰，並且憑著出色的智謀和軍事才能大獲全勝，從此奠定了天下三分的格局。

蘇軾在這首詞中，對周瑜的丰神俊朗進行了毫不吝惜地讚美，但最重要的是，他還寫出了周瑜有一個比外表更吸粉的加分點，那就是：明明可以靠顏值，他卻偏偏要靠才華。

顏值，只是周瑜眾多優點中的一個。才華，才是讓他名垂青史的根本原因。儘管周瑜只活了短短的三十六歲，但他三十六年的人生，卻稱得上

韓子高 © 瑞昇文化

公子世無雙

褚淵 © 瑞昇文化

是波瀾壯闊的一生。

十六歲的時候，周瑜慕名前去拜訪與自己同年的孫策，兩人意氣相投，一見如故。周瑜勸孫策帶著家人搬到廬江，還讓出了自家宅院給孫家居住，從此和這個江東最大的軍閥世家結下了一生的緣分，也開啟了自己未來輝煌事業的大門。

二十歲那年，周瑜正式加盟到孫策麾下，幫助孫策平定江東。三年後，孫策封周瑜為建威中郎將。從這一年開始，周郎的美名傳遍了整個吳中。

孫策遇刺身亡後，孫權繼承家業，他的母親是個明白人，說周公瑾和你哥同歲，只比你哥小一個月，我拿他當親兒子一樣，你也得把他當成親哥一樣商議大事。

孫權是個很聽媽媽話的娃，他十分重視周瑜的意見，大事小事都和周瑜商量。

那時候東吳的形勢其實比較嚴峻，各個州郡還沒有完全歸順，孫權手下的人才也不多，北方的曹操又虎視眈眈，頻頻催促孫權送人質給自己以表忠心。

在這種關鍵時刻，周瑜的各種強項就體現出來了，無論小細節還是大決斷，他都完美展示出了東吳第一智慧擔當的風範。

強項之一：高情商

話說當年周瑜回來給孫策奔喪，留在孫權身邊幫他掌管軍政。那時孫權還沒有稱帝，名義上只是個將軍，所以大家平時行禮都使用簡單的賓主禮節。

只有周瑜一個人例外，他對孫權行的是君臣之禮。

其他人內心：這作風是不是太驃悍了一點？顯得我們沒啥事業心似的。

孫權內心：這就是稱帝的感覺？我喜歡……

但周瑜並不在乎別人的看法，他對自己的好朋友魯肅說：「古人說，不只是君主在選擇臣下，有時候臣下也在選擇君主。孫權是一位值得託付的明主，必定能建立起帝王的基業，有眼光的人都應該選擇這樣的主公一展抱負。」

一席話說得魯肅直點讚，還順帶給孫權提前豎立一波帝王人設，這情商水準在東吳團隊裡絕對是名列前茅了。

強項之二：強大的政局分析能力

就拿送不送人質給曹操這件事來說，周瑜是這麼給孫權作成本收益分析的——

周瑜：「這個問題很好解決，假設我們送了人質，我們能得到什麼？」

孫權：「頂多給我封個有名無實的爵位，送我點車馬僕人。」

周瑜：「這不就結了，我們江東差這點賞賜嗎？向曹操俯首稱臣，哪有我們自己稱霸江東來得痛快？」

孫權：「有點懂了，那假設我們不送人質，我們會失去什麼？」

周瑜比了個心：「很好，主公已經會舉一反三了。如果曹操真能一統天下，我們再表忠心也不晚。如果曹操圖謀不軌，成不了大事，我們當然要不客氣地和他一爭天下。現在我們江東人馬強壯，民生富庶，絕對有這個資本和曹操抗衡。」

孫權：「好有道理，聽你的沒錯！」

強項之三：出色的軍事謀略

建安十三年，曹操佔據荊州，眼看就要打到東吳來，東吳的臣僚們分成了主戰和主和兩派，爭論不休。這時候，周瑜站出來跟主和派進行了一場理性辯論。

主和派：「曹操有八十萬大軍！雙方相差太懸殊了，打不過打不過！」

周瑜：「虛的，曹操從中原帶的兵馬頂多十五六萬，劉表的降兵還不和他一條心。」

主和派：「十五六萬也比咱們多吧？」

周瑜：「現在已經是秋冬季節了，天氣寒冷，馬沒有草吃。曹軍遠途跋涉，人馬疲憊，戰鬥力肯定大打折扣，還有馬超、韓遂這兩個心腹大患在函谷關等著背後捅曹操的刀子，不用怕。」

主和派：「可是曹操已經收了劉表訓練好的水軍，擺了上千艘戰船沿江直下，我們已經不佔有長江天險這個最大的優勢了。」

周瑜：「北方人陸戰在行，但根本不擅長水戰。打水戰，我們東吳才是行家！」

主和派：「……你行你上！」

周瑜：「我上就我上，給我精兵三萬，保證把曹操打回老家。」

於是，周瑜密令黃蓋詐降，來了一齣「周瑜打黃蓋，願打願挨」的苦肉計。又準備了幾十艘戰船，裝滿了澆上火油的柴草，將一些輕便的小船繫在大船後面，讓黃蓋率領著船隊駛向曹軍陣營。等到曹軍信以為真，他們就解開小船，點燃大船，借著風勢一把大火將曹軍的戰船燒了個乾淨。

曹操元氣大傷，不得不退兵北還。而「火燒赤壁」這場周瑜的成名之戰，也成了三國時代最著名的以少勝多的戰役。

也許是因為身上的光環太多太耀眼，也許是因為天妒英才，周瑜只活了三十六歲就病逝了。然而，周郎「世間豪傑英雄士，江左風流美丈夫」的美名，卻留在了史冊之中，直到今天都為人們稱讚。

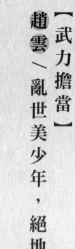

【武力擔當】

趙雲／亂世美少年，絕地孤膽英雄

雲奔走四方，擇主而事，未有如使君者。

今得相隨，大稱平生，雖肝腦塗地，無恨矣。

問題描述：三國時傳說中的武力擔當趙雲，最經典的是哪一戰？

12,306人關注　　　　　　　103個回答

劉備

9,996 人贊同了該回答

謝邀。

如果題主拿這個問題去問關羽，問張飛，問黃忠，他們一定會說起子龍打過的很多大勝仗：平荊州、定益州、漢水之戰、掃蕩西川……

但我要說的是一場敗仗：長坂坡之戰。

那一年曹操大軍南下荊州，我被劉表的敗家兒子劉琮狠狠擺了一道。

劉琮這個沒出息的娃繼承了劉表的事業，卻沒膽子跟曹操正面幹，不戰而降不說，還把消息瞞著我。等我發覺此事的時候，曹操的大軍已經打到宛城了。

憑我當時的兵力，打是打不過的，只有逃了。荊州有十多萬百姓自願追隨我一起逃亡，很多人勸我說：「不要帶著百姓，這樣會拖慢行軍速度。」

但是，我一直以來是個什麼人設，你們也都知道。

我怎麼忍心拋下這些忠心追隨的百姓？當然是選擇帶著他們一起走。

百姓行進緩慢，糧草輜重又多，我的大軍在當陽的長坂坡還是被曹操麾下的精兵虎豹騎追上了。

那是我平生最狼狽的一天。

震天的殺聲中，我的軍隊潰不成軍，我連妻兒們也顧不上，只好率領著趙雲、張飛、諸葛亮這幾個心腹亡命奔逃。

就在這個時候，我手下最得力的虎將趙雲不見了。

你們要知道，不管古代還是現代，一個團隊裡最拉風的人永遠不缺人黑。

馬上就有人說：「趙雲一定是見勢不妙，投降曹操去了！」

我聽到這句話的回應是——拿起我手裡的短戟，把這人揍到閉嘴為止。

「子龍是不會棄我而去的！」我也不知道我為什麼會這麼堅定。

無論多少年後，我都清晰地記得，我重新看見子龍時的那個情景：

一名渾身浴血的大將，懷裡抱著我的幼子劉禪，手持長槍，護衛著我的妻子甘夫人，出現在我的面前。

戰神。

我和所有人看見他的那一刻，心中想到的就只有這兩個字：戰神。

在大家都逃命逃得不知東西南北的時候，子龍一個人，單槍匹馬殺回了敵陣，面對曹軍最驍勇善戰的虎豹騎也沒有絲毫退縮，只為了救回我的妻兒，也奇跡般地完成了這個幾乎不可能完成的任務。

戰神之名，趙雲當之無愧！

· · · ·

1742 條評論

⇆ 切換時間順序

匿名網友：我想採訪下劉皇叔，你為什麼會這麼無條件地信任趙雲？

子龍迷弟戰神控：皇叔打字慢，我先來拋磚引玉回答一下吧。雖然我們子龍哥是憑實力當戰神的，但我想說，我男神其實在各方面都很完美！顏值、戰鬥值、人品，樣樣滿分，天然就讓人有信任感。

匿名網友：是嗎？一直以來對趙雲的印象主要是能打，別的不太瞭解，沒想到他顏值也很高嗎？

子龍迷弟戰神控：當然！史載他身高至少一米九，身姿雄健，相貌堂堂，屬於長相俊美又有肌肉的健氣型。請自行腦補一位白馬銀槍、俊美不凡、氣場爆棚的將軍，試問當這樣一個人站在你面前的時候，誰心裡的好感度不是噌噌暴漲呢？

劉備（答主）：樓上網友說得甚是有理。所謂相由心生，子龍姿容俊美，說他是我們蜀漢的看板郎也不過分。但是，我對他這麼信任，當然不僅僅是因為他顏值高，還因為我和他是一起打過仗，一起遭過罪，還在一個床上睡過覺的交情。

匿名網友：我彷彿發現了什麼了不得的八卦？！

劉備（答主）：要不再開個問題咱們詳聊吧。

匿名網友：可以有！

- - - · · · - - -

問題詳情：歷史上真實的趙雲是一個什麼樣的人？

10,235人關注　　　　　　　　　308個回答

劉備

9,992 人贊同了該回答

　　再次謝邀。

　　趙雲還不在我們蜀漢團隊的時候，我和他的交情就很深了。

　　最早的時候，他是公孫瓚的部屬，身長八尺，姿容俊偉，最重要的是

他的武力值相當高，讓我一見難忘。

從那時候，我就想著，有朝一日，一定要讓這樣的人才管我叫主公。

後來，我兵敗徐州，去投奔了袁紹，趙雲跑來鄴城和我約了個飯。我們倆在一張床上睡覺，還開了個只有我們兩個人的臥談會，商量出一件大事。

我跟他說：「兄弟，你祕密招募上幾百名精兵，拉起你自己的隊伍，對外就說是我的部屬，我的就是你的！」

趙雲這個人是很重情義的，我這麼大一個人情砸下來，把他感動到不行，當場就跟我表了態：「你的就是你的，我的還是你的！」

後來我去了荊州，趙雲果然帶兵追隨，從此刷新了蜀漢武將戰鬥值的上限。

其實，我的身邊從不缺少武將，別的不說，我的兩個兄弟關羽和張飛就都很能打。

在我們武將如雲的蜀漢，趙雲能留下「常勝將軍」的千古美名，成為後世人心目中戰神一樣的存在，不僅僅是因為他強大的武力值，更是因為他有勇有謀的個性和忠誠正直的人品。

趙雲的一生身經百戰，他追隨著我戰博望、平荊州、入川蜀、攻漢中，立下了無數戰功，除了堪稱經典的長坂坡之戰，他生命中最為輝煌的一場代表戰役，就是漢水之戰了。

建安二十四年，我的死對頭曹操率領大軍攻打漢中，並且在北山下屯了很多軍糧。黃忠帶兵赴北山奪取曹軍的軍糧，遲遲不回。於是，趙雲就帶著幾十騎人馬出了軍營查看情況，結果冤家路窄，正好碰上了曹操的先鋒營大軍。

以下我轉貼一段當年抓住的曹營俘虜的心路歷程實錄：

看見趙雲就帶了幾十個人的時候，我們的內心是狂喜的，因為終於可以以多欺少虐他一回了！

但趙雲這傢伙好像絲毫都沒在怕的，他衝到我們陣前就開始突擊，一邊打一邊讓身邊的人撤退。

我就很氣：一個人就敢玩突擊，我們先鋒營不要面子的啊？打他！

然而真打起來，我們才發現趙雲的攻擊力太可怕了，可怕得像天神下凡，大軍這麼多人竟然完全阻擋不住他的去路，他很快就衝破了我們的陣型，突圍而出，退回了漢軍營。

我很不服：豈有此理！把陣地當步行街嗎？不行，生擒不了趙雲也得想辦法挽回點面子！

這回，我們總算完成一個小目標：成功包圍了趙雲的部將張著。

沒想到，趙雲一看張著被圍，掉頭打馬又從漢軍營裡衝了出來，一番突擊之後，我們居然眼睜睜看著他把張著救了出來，帶回了漢軍營。

張著那廝還感動得熱淚盈眶地說：「跟著這樣的主將就是有安全感！」

我真心氣得想吐血。

這時候，我軍已經開始全線追擊，非要把趙雲打個落花流水不可。大軍殺到漢軍營寨門口，卻看見營寨大門敞開著，裡面的漢軍偃旗息鼓，一點也沒有打仗的氣氛。

這個詭異的做法讓大家都心生疑竇：什麼情況？該不會是有伏兵吧？

於是，我軍決定小心為上，先退一退再說。

不料，我軍剛開始撤退，趙雲一聲令下，戰鼓聲震天響起，漢軍拿起弓箭就是一輪暴擊，我們被打得措手不及，被亂箭射死的，自相踩踏掉進漢水中淹死的一片又一片……

我發出了聲嘶力竭地吶喊：「趙雲你這個奸詐之輩居然陰我們！」

趙雲微笑：「就等著你們退到弓箭最佳射程內呢。」

然後？

然後就沒有然後了。我被俘了，曹軍退兵了。漢水之戰，成了我們這些曹兵的噩夢。

轉播完畢，以上都是鐵證，各大陣營皆有相關記載。

第二天我親自到軍營視察戰場，一看這個拉風的打法就知道當時的戰鬥現場有多精彩。

我真情實感地點了三十二個讚：「子龍一身都是膽啊！」

那一日漢軍營設宴慶功直到太陽落山，從此，軍中都管趙雲叫「虎威將軍」。

不過，武力值高，只是趙雲的優勢之一，更難得的是他重情重義。無論是對我這個主公，還是對跟隨他的下屬，但凡遇到險境，他都能拚盡全力去營救。

趙雲做人非常沉穩謹慎，而且深明大義，我只說兩件小事，你們就懂了。

一件是在趙雲幫助我平定荊州以後，我任命他為偏將軍，兼任桂陽太守。

那個投降的桂陽前任太守趙範看見趙雲正當紅，起了在他面前刷好感的心思。他有一個守寡的嫂嫂樊氏顏值特別高，就提出想將樊氏許配給趙雲。

沒想到趙雲半點都不動心，而且拒絕的理由還讓人無法反駁：「你和我都姓趙，你的哥哥就像我的哥哥，你的嫂子也就像我的嫂子。」

真是委婉而不失禮貌地拒絕！

不過當時有很多人不理解趙雲的做法，都勸趙雲接受趙範的美意，趙雲說：「趙範是被迫投降的，心思難測，天下間好的女子又不止這一位，我何必非要跟他當親家呢？」

沒過多久，趙範果然伺機逃走了，趙雲則完美閃避了這場禍端帶來的牽涉。

什麼叫先見之明？這就是了。

什麼叫真英雄？能過美人關的英雄才是真英雄啊。

另一件事，則發生在我攻克益州以後。

那時候的趙雲已經是翊軍將軍了，打下成都以後，我打算發一輪福利，把成都的田地房產賜給眾將士。

像這種好事，眾人都是一萬個支持，只有趙雲提出了反對意見。

他對我說：「主公還記得名將霍去病的名言嗎？」

我說：「記得呀，匈奴未滅，何以家為唄。」

趙雲：「現在我們的處境比霍去病那時候還惡劣，因為國賊不止匈奴一個，局勢還沒有穩定到可以安心享樂的時候。」

我問他：「那你覺得應該怎麼處置這些田產？」

趙雲：「益州的百姓剛剛才經受了戰火的摧殘，現在應該將田產都還給百姓，先讓他們安定下來，然後服兵役、納戶稅，這樣一定能得到益州的民心。」

不得不說，這一席話直接戳中了我的痛點。

我劉玄德生平最看重的可不就是民心所向嗎？

於是我當場就拍了板：「子龍言之有理，准了！」

眾將：「雖然福利分房沒了，但道理還是讓人服氣的。」

當然，好評率最高的還是廣大的百姓，在趙雲的勸諫下，百姓們得以拿回田產，休養生息，他們都很感謝我，對蜀漢政權的穩定起到了很大的作用。

這就是趙雲。

後世很多人評價趙雲有輔國大臣的氣度，不能僅僅用名將這個詞來定義，這也說出了我心中的想法。

戎馬一生的趙雲，在戰場上立下了無數功勳，人稱「常勝將軍」。

同時，他一生忠勇正直，心懷天下蒼生，在做人這方面，也同樣是一位「常勝將軍」。

文／琴城野老

【風度擔當】
褚淵＼公主求而不得的男人

已見風姿美，仍聞藝業勤。
清秋上國路，白皙少年人。

　　悅來茶樓今天的生意也是紅紅火火，茶樓掌櫃看著賓客滿座的大堂，笑得眉眼彎彎。

　　能有這麼好的生意，不是因為這裡有全京城最好喝的茶飲，也不是因為這裡有全京城最英俊的店小二，而是因為——這裡有全京城獨一位的說書人。

　　悅來茶樓的說書先生講的《南朝風雲》，一經推出就紅遍全城，場場爆滿，充分滿足了廣大群眾的八卦之心。

只聽大堂正中的說書先生把手中的醒木一拍，開始了今天的講解。

「今天要講的這位，又是南朝的一個風雲人物，他是劉宋和蕭齊兩朝的宰相，還是一位駙馬，不但家世尊貴，事業有成，人也是風度翩翩、相貌堂堂，稱得上是南朝十大傑出青年、眾多少男少女心中的偶像。」說書先生深諳人心的特點，寥寥幾句，就吊足了茶客們的胃口。

眾人紛紛催促起來：「這麼厲害？到底是誰呀？別賣關子了。」

說書先生摺扇一打：「他就是娶了宋文帝愛女南郡獻公主的名臣──褚淵。」

茶客中爆發出一陣熱鬧的議論聲。

一個黃衫少女大著膽子問：「能娶到公主的人，相貌一定很俊朗吧？」

身邊的小姐妹趕緊拉了拉她的衣角：「矜持點，矜持點。」

說書先生會心一笑：「這位客官說得不錯，褚淵這個人是出了名的儀表堂堂，氣質出眾，一舉一動都很有風度。諸位可知道他風度優美到什麼程度？每到朝會的時候，文武百官都忍不住伸長脖子看他的行為舉止，連外來的使臣也是這樣。宋明帝曾經說：『褚淵光憑著這遲行緩步的美好姿態，就足以做宰相了。』」

「別人上朝是上朝，褚淵上朝是走秀啊。」

「對呀，因為褚淵的風姿實在太好看了，所以『褚淵調調』就成了當時的士大夫們爭相效仿的典範。而且，褚淵的才藝也很出眾，他擅長彈琵琶，世祖還是太子的時候，曾經特意賜給他一把金縷柄銀柱琵琶，才子配名器，一時傳為佳話。」

茶樓裡響起此起彼伏的讚歎之聲，當然，大部分都是姑娘們發出來的。

在場的男子們不禁有點酸酸的，有人馬上反駁道：「不見得吧，我怎麼聽說，褚淵這個人白眼珠多，黑眼珠少，你們想想能好看到哪裡去？」

說書先生笑道：「客官莫急，讓我來給你科普一下。你所說的，其實正是南朝時候的一個傳聞，當時有很多世家子弟嫉妒褚淵的名聲，就拿他的眼睛說事，說這種面相叫『白虹貫日』，是亡國的預兆。說白了就是想給褚淵扣一口鍋，敗壞他的聲譽。」

剛才說話的人不太服氣：「劉宋確實亡國了呀，說明空穴不來風。」

一個貴婦人聽不下去了，罵了一句：「我看你白眼珠也挺多的，難不成你也是預示著亡國的面相？」

說書先生連忙打了個圓場：「莫要爭，莫要吵，聽我給各位細細道來。自古以來，有爭議的人物其實大多都應了同一句話：人紅是非多。這褚淵不但有才有貌，性情還特別沉穩，他的風度已經登峰造極，到了常人所不能及的地步。這位客官我來問你一句，假如你家裡突然失火，你會怎麼樣呢？」

「這還用問，當然是趕緊逃命啦！」

「看，這就是一般人的第一反應。但是褚淵的反應就不一樣。他家裡失火的時候，旁人都在四散逃命，只有他沉穩自若，叫人把肩輿抬來，不慌不忙坐上去，不緊不慢地離開。命都不要，也要風度，就問你服不服？」

「……服氣，但我想說他是不是有點太矯情了？」

「這你就有所不知了，南北朝時期延續了魏晉名士的風格，崇尚風流曠達，大家都非常重視舉止風度以及家世身份，可以說是名聲大過天。褚淵這個行為雖然有點不走尋常路，但在當時那個時代，卻被看作是士大夫性情溫雅、沉穩有度的典型，一下子就集滿了路人好感。當然，也因此引來了一些人的妒忌，給他強行扣了一頂亡國相的帽子。」

年輕女子們紛紛露出了仰慕的神情：「這個魅力值簡直要犯規了！」

一個富家公子不以為然地說：「小姑娘們還是太年輕，我勸妳們現實點，通常擁有魅力超群這種人設的男人都是很花心的。」

說書先生哈哈一笑：「那我可就要為褚淵說句公道話了，褚淵這個人

除了高富帥，還自帶了一個『潔身自愛』人設，這一點有個八卦，各位想不想聽？」

眾人異口同聲地道：「想聽想聽！上證據！」

說書先生道：「那我就插播一個故事，算是今天說書贈送的彩蛋。話說孝武帝有一個女兒，名喚劉楚玉，封號山陰公主，這位公主是出了名的『作』，最離譜的一點就是 —— 好色！」

一個少女掩口驚呼道：「難道這位公主看上了褚淵？」

「正解。」說書先生打了個響指，「山陰公主最喜歡美男子，光面首就養了三十多個，褚淵當時名聲在外，這口小鮮肉，山陰公主簡直是志在必得。」

「天哪，難道要上演光天化日之下強搶良家美男的戲碼了嗎！」

「答對了。其實論輩分，褚淵還是山陰公主的姑父，但那個時期已經沒有什麼能阻擋山陰公主的色心了，她利用自己的權勢，命令褚淵到公主府服侍自己，沒想到，褚淵在公主府待了整整十天，每天晚上都是整身而立，毫無不妥的舉動。」

茶樓裡掀起了又一個高潮——

「哇，太勇了！」

「哇，太燃了！」

「哇，太萌了！」

有人急忙問道：「那山陰公主就能善罷甘休嗎？」

「山陰公主嘛當然是鬱悶得不行，她說：『你一個七尺男兒，怎麼就沒點男子氣概呢？』褚淵卻回答：『我雖然不才，但也不敢做這種不入流的事。』各位客官，我認為此處應該有掌聲！」

眾人紛紛鼓掌喝彩。

一個少女捧著臉說：「南郡獻公主真有福氣啊，我也想要這麼專情的

夫君！」

說書先生道：「再放送一個花絮給妳，褚淵在山陰公主府上，連半個眼神都沒給公主，卻意外收穫了一個粉絲，他就是山陰公主的駙馬何戢。何戢見到褚淵這麼美貌還這麼有氣節，當場路人轉粉，從此以後舉止儀態都開始模仿偶像，時人都管他叫『小褚公』。」

路過的店小二感慨道：「這人設確實吸粉啊，不但女子傾心，連男子都要傾慕。」

說書先生話鋒一轉：「不過，身為南朝十大傑出青年的優秀代表，褚淵的主要成就當然還是在事業上。大家都知道，整個南北朝就是一個亂成一鍋粥的時期，今天有人開國稱帝，明天就有可能改朝換代。但褚淵有著自己獨特的為官和處世之道，所以才能在這個亂糟糟的大時代成為一名人生贏家。」

店小二給說書先生續了杯茶，歎了口氣道：「褚淵是命好，聽說他祖父官至太常，老爹做過驃騎將軍，父子二人都做過駙馬，妥妥的富二代加官二代，哪像我們這些打工的這麼辛苦！」

說書先生拿摺扇柄敲了敲店小二的頭：「要不說你只能當個店小二呢，你只知褚淵家世顯赫，卻不知他也是靠自己的奮鬥闖出一片天的。」

店小二摸了摸腦袋：「怎麼說？」

說書先生道：「首先，富二代什麼的，不存在的。褚淵的父親在他二十多歲的時候就去世了，他把家財都讓給了弟弟繼承，自己只留下了幾千卷書。」

雅座中的富家公子道：「哎呀，這種世家宅鬥的套路我最熟悉了，裡面一定有內情。褚淵雖然是長子，卻不是他父親的正妻吳郡宣公主所出，而是妾室郭氏生的，你讓他爭家產，恐怕他也沒這個膽子去爭吧？」

說書先生：「我看你是宅鬥話本子看多了。不瞞你說，褚淵雖然不是吳郡宣公主生的，但侍奉嫡母特別恭謹，公主非常喜愛他，他父親亡故以

後，公主親自上表，請立褚淵為嫡子，繼承爵位。諸位客官看看，公主連自己的親兒子都不顧，都願意給褚淵一個嫡出的身份，你們說褚淵這為人好不好？這情商高不高？」

茶樓裡響起又一輪的喝彩聲和鼓掌聲。

說書先生繼續道：「再來說褚淵的仕途。由於早年就有賢名在外，南朝的幾代皇帝對褚淵都很欣賞，但每次皇帝要封比較重要的官職給他的時候，他就堅決辭讓，不想捲入權力的風暴之中。可越是這樣，皇帝就越看重他，宋明帝病危的時候，任命褚淵為顧命大臣，從此，褚淵就步入了政治漩渦的中心。」

一個少女不解地問：「成為達官顯貴不是很多人的終極目標嗎？褚淵為什麼不願意身居高位呢？」

說書先生：「因為那時候南朝政治十分黑暗，皇權鬥爭特別激烈，每天都上演宮鬥大戲，妳想，褚淵才活了四十多歲，卻經歷了五任皇帝，天天不是皇室內亂就是外面造反，這種忐忑不安的生活並不是他想要的。」

貴婦人感嘆道：「可惜，顏值越高 —— 哦不是，職位越高，責任越大。命運的走向從來不能被個人的期望左右。」

「正是如此。褚淵成為顧命大臣後，厲行節約，從不以權謀私，百姓們對他都是五星好評。後來，他把大將蕭道成提拔起來，主持軍事，平定地方叛亂。」

富家公子瞪大了雙眼：「蕭道成？是我想的那個蕭道成嗎……」

說書先生點了點頭：「沒錯，褚淵做夢也沒想到，他一手提拔起來的蕭道成，見小皇帝年幼，起了取而代之的心思，很快就暗殺了小皇帝發動了政變，改國號為齊，搖身一變，成了齊高帝。」

茶樓中一片唏噓。

說書先生道：「齊高帝繼位後，給褚淵加官晉爵，想要讓他為自己效

力，但褚淵都沒有接受，可是，為了穩定國家的大局，他又不能真的甩手不管。褚淵雖然沒有接受封賞，卻還是參與到了很多大事的決策中，為齊高帝獻出了很多寶貴的政策見解。也許是經歷了太多的明爭暗鬥，也許是看過了太多的政權更迭，褚淵在齊高帝去世後不久就心力交瘁、一病不起，僅僅四十八歲就英年早逝了。然而，他在史書上留下的這一筆，卻是濃墨重彩的一筆。他的風度與魅力，也給世人留下了無數美好的回憶。」

茶樓中的茶客皆是意猶未盡，彷彿還沉浸在褚淵的優美風采之中。

說書先生將摺扇一收，笑咪咪道：「多少風流人物，皆已隨風而逝。是非與功過，任憑後人評說。諸位客官，今天的《南朝風雲》就講到這裡，現在是廣告時間 —— 想聽更多的精彩故事嗎？想認識更多的古典美男嗎？悅來茶樓歡迎你。明天要聽請早噢！」

文／琴城野老

【恬然擔當】

維／此心安處是吾鄉

公子只應見畫，此中我獨知津。

寫到水窮天杪，定非塵土間人。

夜深人靜，在藍田輞川一個清雅別致的書房之內，一支嶄新的狼毫筆好奇地打量著這個陌生的環境，想像著自己未來的工作。

「歡迎加入竹里館文房四寶大家庭，我是這裡的老員工，新手上路不用愁，找我就對了。」書桌上，一方看起來年歲很久遠的青石硯臺友善地說。

狼毫筆連忙用經典的萌新姿態鞠了個躬：「前輩好，初次見面請多多指教。」

青石硯：「好說好說，不用這麼緊張，其實大家都很好相處，性情都跟咱家主人一樣隨和，不信你看主人的別號就知道了。」

見狼毫筆還是一臉蒙，青石硯朝身旁招呼了一聲：「印章印章，該你上場了，給新人露一手。」

只見一枚古樸小巧的印章蹦蹦跳跳地鑽出來，在書桌鋪開的宣紙上一壓，現出一個鮮紅的印鑑：摩詰居士。

狼毫筆讀了三遍，虛心請教道：「摩詰，是不是佛經裡說的『乾淨無垢』的意思？」

青石硯讚賞地道：「果然有點學問，摩詰是主人的字，也是他的別號，感受到主人的風格了嗎？兩個字：佛系。」

狼毫筆有點驚奇：「主人是佛系男子？我還以為跟著四品大員的毛筆都得天天書寫勵志傳奇呢，前輩這麼一說，我壓力小多了。」

青石硯笑道：「主人雖然官至尚書右丞，但仕途並不是他的追求，按照我的經驗，你未來的職業發展主要有兩個方向，一個是寫詩，一個是作畫。」

狼毫筆頓時興奮起來：「詩情畫意我都喜歡！前輩多給我講講主人的事吧，我要做充分準備，做一支爭氣的毛筆！」

青石硯欣然為它講解起來：「咱們的主人名叫王維，出身於太原王氏，他的母親出身於博陵崔氏。這些都是鼎鼎大名的望族，幾百年的書香門第。因此，主人自幼就和我們這些文房四寶打交道，他的母親擅長水墨畫，他從小耳濡目染，畫得一手好畫。」

書架上的詩稿開口了：「主人可不止擅長畫畫，寫詩也是一絕呢，他十幾歲的時候，就寫下了很多膾炙人口的好詩，可以說是少年成名！」

另一本詩稿馬上跳出來背誦道：「新豐美酒斗十千，咸陽遊俠多少年，相逢意氣為君飲，繫馬高樓垂柳邊。」

狼毫筆頓時精神一振：「好讚！遊俠的少年意氣和報國壯志躍然紙上，真是好詩！」

青石硯笑著對詩稿們說：「別急，我還沒說完呢。主人詩畫雙絕，憑藉著自己出眾的才華，十五歲就去了京城長安闖蕩事業。」

狼毫筆佩服地說：「帝都競爭壓力大，生活成本又高，主人這麼年輕就敢去帝都發展，實在很有勇氣。」

青石硯語氣中露出幾分自豪：「你也知道，大唐最不缺的就是才子。每年跑去長安碰運氣的文人墨客沒有一萬也有八千，但是，當我們的主人在眾人面前嶄露頭角的時候，還是讓整個長安城的人都為之眼前一亮。」

狼毫筆興致盎然：「怎麼說？」

青石硯的思緒彷彿回到了多年以前：「那一年，一個風姿秀美的白衣少年來到了長安，他氣質清貴，滿身書香，會寫詩，能作畫，還彈得一手好琴。他的詩畫與琴聲，就像他的人一樣，有一種恬淡高遠的味道。」

狼毫筆沉醉地說：「好唯美，我被圈粉了！」

青石硯笑道：「豈止你被圈粉了，很多王公貴族都被圈粉了，主人初入京城，就成了有名的少年才俊，受到了很多人的賞識。」

狼毫筆道：「主人這麼有才，考取功名一定不在話下！」

「那是當然，主人輕輕鬆鬆就考中了進士，沒過幾年又一舉奪冠，高

中了狀元，一時間風頭無兩。」

狼毫筆充滿仰慕：「狀元郎啊，太厲害了！那可是全國文科冠軍耶，有了這個光環，主人的仕途必然是一帆風順嘍？」

青石硯的語氣有點感慨：「一開始還是比較順的，主人被任命為太樂丞，負責朝廷的禮樂事宜。主人一向很有音樂細胞，相傳他曾經憑藉一曲〈鬱輪袍〉，一舉贏得了玉真公主的青睞，這個工作對他來說，本來是遊刃有餘。」

狼毫筆聽出了蹊蹺：「難道後面出了什麼岔子？」

青石硯嘆了口氣：「官場太複雜，想要混得好，不光要看能力，還要看情商。主人天性單純，根本意識不到官場險惡。有一次，伶人排練〈五方獅子舞〉，他私自看了黃獅子，黃與皇同音，必須是天子才能觀看，主人完全沒這個認知，犯了大忌，直接就被貶了官，成了濟州的一個糧倉庫管。」

「天哪！主人的筆墨紙硯，是用來寫詩作畫的呀，突然要去記錄一斤大米多少錢，這怎麼能接受？」

「別說你接受不了，主人也接受不了。糧倉管理員幹了沒多久，他就辭去了官職，回家和母親與妻子共享天倫去了。」

青石硯的語氣有些沉重：「可是，沒過多久，主人的妻子難產而亡，事業失意與中年喪妻的雙重打擊，讓主人的內心傷痕累累。」

這時，窗臺上的盆景中響起一個細細的聲音：「紅豆生南國，春來發幾枝，願君多採擷，此物最相思。」

狼毫筆被這優美而多情的詩句所感染，不由得朝窗臺看去，一粒小小的紅豆安臥在碧綠的盆景中，剛才的詩句正是它吟誦的。

「當年，主人曾用我寄託情思，寫下了這首紀念友情的《相思》，大唐的梨園子弟無不爭相傳唱，聽到的人無不動容。主人是一個很重感情的

人，無論是友情、親情，還是愛情，對他來說都十分重要。」

青石硯說：「是啊，主人的妻子去世後，他至今都沒有再娶，三十多年孑然一身，比起那些將三妻四妾視為平常事的風流才子，他才稱得上是真正的重情至性之人。」

狼毫筆似乎仍然沉浸在詩句中，許久才感歎道：「到現在我才真正領悟到別人說主人『詩中有畫，畫中有詩』這個評價的真意，他寫出的文字，就像同時在我腦中勾勒出了畫面一般，活靈活現。」

青石硯笑著說：「主人官途不順，輾轉了很多地方。他在繁華的京城做過校書郎，在苦寒的邊塞做過監察御史，無論命運如何變化，他始終保持著心中的詩意。這個世界不只有眼前的苟且，還有詩與遠方！」

詩稿們也被激起了興致：「沒錯，主人帶著我們遊歷江南，欣賞著『明月松間照，清泉石上流』的美景；帶我們去涼州，見識了『大漠孤煙直，長河落日圓』的邊塞風光。不管人生是浮是沉，他都有詩畫相伴。」

狼毫筆憧憬道：「我覺得，主人這樣恬淡的性情，其實不適合在複雜的官場生存，吟詩作畫才是他心中的追求。」

詩稿們七嘴八舌地表示著贊同 ——

「同意，主人太單純，技能點都點在琴棋書畫上，做官這道難題對他來說超綱了。」

「主人這麼佛系，喜歡的都是禪理、老莊這種出世的學問，哪裡適合在大泥潭一樣的官場打滾？」

一本詩集跳出來說：「說起來你可能不信，有一首詩還救過主人的命呢。」

狼毫筆好奇地問：「這是怎麼一回事？」

詩集借著晚風，嘩嘩翻動書頁，呈現出一首詩作：

萬戶傷心生野煙，百官何日再朝天。

秋槐花落空宮裡，凝碧池頭奏管絃。

「這首詩是安祿山發動安史之亂的時候，主人被俘，被迫出任偽官時寫的。他看到樂工不願為安祿山表演而被害，悲憤難平，就寫了這首《凝碧池》，表達自己思念朝廷，不想歸順逆賊的心情。後來叛亂被平息，主人原本應該問罪，卻因為這首詩得到了皇上的諒解，給予特赦。」

狼毫筆恍然道：「因詩免罪，可見冥冥中自有天意。可我覺得官場還是太危險了，主人還是早日退出這些紛爭最好。」

青石硯道：「不瞞你說，主人自己心裡就是這麼想的，頻繁的官場爭鬥讓他心生疲憊，終於有一天，他萌生了一個想法：京城套路深，不如回農村！」

狼毫筆不禁笑起來：「主人最終還是辭官了，對不對？」

「對，主人在藍田山麓的輞川買了宋之問的一座別墅，就是這裡。他親自規劃佈置，把這個有山有水的地方打造成了自己心目中的安樂鄉，過上了半隱居的生活。」

「我想，這個時期才是主人一生中最快樂的時期吧？」

青石硯說：「一開始我就說過，主人是個佛系男子。他信奉佛理，長年吃素齋，也不穿華美的衣服。退隱之後，他常常給僧人施捨齋飯，閒暇時就和友人彈琴賦詩，過著一種超凡脫俗的生活。世人都稱他為：詩佛。」

狼毫筆沉吟道：「主人的詩中有禪意，畫中有佛性，這些都和他看破名利，擺脫俗物羈絆的人生選擇分不開。雖然我是新手，但我願意跟隨他寄情山水，寫下更多美好的詩篇，畫出這世間更多的美景！」

青石硯微笑著說：「此心安處是吾鄉，看破這世間繁華，追求一種內心的寧靜，就是我們和主人共同的追求。一起加油吧，小毛筆！」

文／拂羅

【癡情擔當】
納蘭性德＼人生就是不斷戀愛再失戀

我是人間惆悵客，知君何事淚縱橫。

斷腸聲裡憶平生。

「當年你爹讓你抓周，你這孩子，
一手抓著毛筆一手抓著金釵，怎麼著都
不放手，可把你爹給氣壞嘍。」

　　對於娘反反覆覆嘮叨的話，納蘭性
德一開始是不怎麼信的。毛筆和金釵？
這豈不是又愛寫文又多情？對於普通
百姓還好，可對於他們葉赫那拉氏來講
可不是好兆頭，因為身為正黃旗子弟，

生來註定就是要幹一番大事的。

正黃旗在清朝血統高貴，在八旗之中也是皇上親自率領的上三旗之一，這些都是五六歲時老爹就跟他反覆強調過的：「成德啊，你看爹娘都出身名門，你也得爭氣，別整天想著跟小姑娘玩。」

當時他還叫納蘭成德，字容若，只不過後來因為避諱太子保成，改成了納蘭性德，說實話，納蘭性德更喜歡自己現在的名字。他老爹叫納蘭明珠，這個名字舉國無人不曉，是大清的重臣，而他娘姓愛新覺羅，跟皇族是沾親帶故的。

彷彿骨子裡就有種淡淡的叛逆，當官這詞在他心裡很模糊，也對自己貴族子弟的身份有點兒不在意。

等到納蘭性德長成十五六歲的少年，每次一出門就有姑娘紅著臉偷偷地瞧，他忽然隱隱覺得，當年抓周或許還是有點兒準的。

作為正黃旗子弟，納蘭性德從小是學文又習武，家境優越吃穿不愁，接觸的全是上流社會子弟，風度翩翩，更有坊間傳言他「天姿英絕，蕭然若寒素」，愛慕他的姑娘從大門口排到了城門，他娘生怕兒子被哪個姑娘拐走，天天嘮叨那些話。

尤其是他十八歲就中舉，十九歲就中貢生之後，他娘的嘮叨聲也越來越頻繁了。在娘的眼裡，自己兒子除了身體弱之外，哪哪都完美，應該早早娶個姑娘，時刻照顧著他。

納蘭性德身體弱，這個他自己也承認。他中貢生之後就差個殿試了，結果卻因為生病錯過了皇上的面試，只好先把面試的事兒緩一緩。他跟著老師徐乾學，出版了一本叫《通志堂經解》的書，皇帝看了表示立刻入坑，線上追更。

「兒啊，外面風大，你好好養病，就別出去啦。娘給你物色了一個姑娘，是兩廣總督盧興祖的女兒，正好和咱們門當戶對⋯⋯」

「娘我知道啦,我先出去一趟。」

納蘭性德隨口應付娘幾句,還是興沖沖地跑出去了,在那瞞著父母定下的「老地方」,有個眸若秋水的姑娘正等著他。姑娘一見是自己的心上人氣喘吁吁地趕來了,拿著手帕抿嘴笑:「你呀,又跑這麼快,你娘沒責怪你?」

納蘭性德紅著臉坐在姑娘身邊:「責怪了,可我忍不住啊,妳看!這是我寫的新詞……」

「真巧,我也有新詞要給你看!」姑娘眼裡冒小星星。

這一雙少年人捧著新詞,湊過去頭碰頭地一起看著,輕輕地笑,少年俊朗,姑娘秀致,恰是美如畫卷。

後來因為種種原因,兩人的愛情還是沒有結果。

失戀後的納蘭性德悲傷之餘有些生氣,他把自己關在房裡,寫了首《木蘭花·擬古決絕詞柬友》,這是一首擬古閨怨作,借典故來用女子幽怨的口吻抱怨薄情郎。

人生若只如初見,何事秋風悲畫扇。

等閒變卻故人心,卻道故人心易變。

驪山語罷清宵半,淚雨霖鈴終不怨。

何如薄倖錦衣郎,比翼連枝當日願。

還有什麼辦法呢?父母之命媒妁之言,納蘭性德還是在大喜的祝賀聲中,迎娶了盧家那位姑娘。成婚那日,姑娘含情脈脈地望著他,納蘭性德只能苦笑。

人終究是要放下的,經過婚後的相處,盧氏的溫柔終於再次敲開了納蘭性德的心,這一對年輕的夫妻過上了舉案齊眉的美好生活。後來回憶起這短暫而美好的日子,他寫下一首《浣溪沙》來追憶:

誰念西風獨自涼，蕭蕭黃葉閉疏窗，沉思往事立殘陽。

被酒莫驚春睡重，賭書消得潑茶香，當時只道是尋常。

西元 1676 年，納蘭性德在妻子的支持下重新邁入了考場，補考殿試。有出身加分，以及他出版的書被皇帝大加賞識，他幾乎毫不費力就中了進士。

康熙帝對他讚賞有加：「你就是納蘭愛卿的兒子？果然是青年才俊，你留在朕身邊當個三等侍衛吧，改日朕晉升你為一等侍衛！」

二十二歲的納蘭性德，已經擁有大多數人夢寐以求的一切。他是風度翩翩的御前侍衛，隨君王出巡，在外人眼裡是可望而不可觸及的男神。但納蘭性德心中一沉，他不動聲色地謝了皇恩，悶悶不樂地回家了。

「怎麼啦？」盧氏此時已經有了身孕，躺在床上溫柔地對他笑。

「皇上封我為三等侍衛。」

皇帝身邊的貼身侍衛，倘若換了別人大抵會欣喜若狂，但對他來講不是。他知道皇上這是忌憚自己老爹權高位重，納蘭家有這麼一個重臣就夠了，不能讓兒子也手握大權，所以封了個侍衛。

在妻子的安慰下，納蘭性德勉強展開了笑容，繼續精心照料自己未出生的兒子，他沒想到的是，接下來迎接自己的是一方小小的墓碑，上面刻著妻子的名字。

西元 1677 年，僅僅在成婚三年後，盧氏因難產去世。

納蘭性德第二次痛失所愛，在墓碑前痛不欲生。從此他寫下的許多詞都是為了悼念亡妻，例如那首《浣溪沙》，化用李清照與趙明誠「賭書潑茶」的典故，追憶與妻子相處的一幕幕。

喪妻一年後，他收拾收拾心情把自己的詞整理成《側帽》、《飲水》出版，成了當時的潮流，有「家家爭唱《飲水詞》，納蘭心事幾人知」之稱。

八旗子弟、御前侍衛、玉樹臨風、文武雙全，所有美男子該有的屬性他都有了，坊間眾多姑娘狂熱地一口一個「男神」，卻沒人能走進男神的

心裡。

暫時放下了喪妻之痛之後，不少人勸納蘭性德續弦，畢竟他才二十四歲啊，納蘭性德便續弦了一位官氏女子，還納了側室顏氏，顏氏在之後為他生了長子。

「你看，你看看這孩子……」在顏氏喜極而泣的呼聲裡，納蘭性德笑著抱過自己的孩子，想起自己難產而死的原配妻子，心中忽然刺痛了一下。

納蘭性德強迫自己放下，他寫新詞想給自己的正室和側室看，她們發出欽佩的讚歎聲「哇好厲害」，卻也僅僅止步於讚歎，不能和他一同欣賞。

許多個獨自掌燈寫詞的夜裡，納蘭性德追憶起亡妻，往往落淚。他想起妻子溫柔又調皮的模樣，提筆寫下「最憶相看，嬌訛道字，手剪銀燈自潑茶」。當年他們學著宋人李清照夫妻，各拿一杯茶，誰先讀對詩，誰就先喝茶。

「娘子，妳剛才好像似乎大概……讀錯了。」

「誰說這字不這麼念？我不管，反正是你輸了！」亡妻故作驕橫姿態，乾脆把茶全潑在他的衣袖上，氣鼓鼓地等他來哄，夫妻倆時常玩著玩著就笑作一團。

真想她啊。鸞膠縱續琵琶，問可及、當年萼綠華，現在的妻子……又如何比得上她呢？

一封信送入了納蘭府。

「見信好，奴家江南沈宛，見納蘭公子前日來信，詞作中心緒似乎悶悶不樂？改日公子至江南，奴家一定備好酒好詞招待。」

寫信人是個漢人女子，江南才女，也是納蘭性德來往許久的筆友，二人相識已久，早想見面。

後來經過好友顧貞觀介紹，納蘭性德終於得以與她相見，將她帶回了京城一處宅子裡。因為沈宛是漢人，納蘭家不能將她納入族譜，但此時納蘭性德已經顧不得這麼多了，他終於遇到了另一個能欣賞自己心靈世界的女子。

　　納蘭性德自己也分不清，這個姑娘對於自己來講，是情人還是朋友，或許用知己來形容才更恰當。

　　這樣的日子只過了短短半年，西元 1685 年，風寒再次糾纏上三十一歲的納蘭性德，跟好友大醉一場後，他忽然病倒在床上。僅僅在七日後，納蘭性德便與世長辭了。

　　他逝世之後，沈宛只能孑然一身回了江南，以追憶度過餘生，對她來講，這個男人就像一場夢。

　　到底應了當年抓周時的預兆，註定他不是人間富貴花，要一手筆墨一手金釵，度過此生。

　　相國子弟、天才少年、十八中舉、御前侍衛……上天給了他太多，又收回太多。給了他刻骨銘心的愛情，卻接連將它們收回，給了他完美的皮相與身世，卻過早地收回了他的生命，只留下《納蘭詞》傳世。

　　他是玉樹臨風的青年侍衛，他是幾番癡情的翩翩郎君，他是自己筆下的人間惆悵客……他最愛寫荷花，自己卻也彷彿荷花池中的倒影，一碰就碎。

　　那個徘徊在許多姑娘深閨夢裡的男子，他生來就帶著點兒憂鬱。

　　納蘭心事幾人知？

　　山一程，水一程，正史一程，野史一程，真真假假都是他，這是個驚鴻照影般的男子，後世人只能在他的斷腸聲裡來追憶他的平生。如果要從荷花中尋出他的影子，要他形容自己的一生，大抵他會微笑著低念那句話吧：「如人飲水，冷暖自知。」

揭秘！三國裡帥氣美男大盤點

文 / 張佳瑋

江湖人稱「張公子」，他華麗，他風騷，他博古通今，他琴劍雙絕，他已成為一個現象，他已成為一段傳說。

【荀彧】

《典略》曰，彧為人偉美。
高大，俊美。這是正面形容。

三國美男子很多，但能名傳後世當傳奇的，少。

如荀彧，如周瑜，那都是入得詩歌的。所以想來想去，沒人高得過他二位去。

我另有兩個證據。

其一，曹操一見荀彧，說他是自己的張良張子房。曹操誇人沒邊，看見張郃歸來，就說是韓信歸漢。但張良這個稱謂，除了說智謀，怕還有別的意思。《史記》裡太史公自己說，張良容貌，如婦人好女。我很懷疑荀彧長得太美了，曹操才第一時間想起了留侯。

其二，禰衡罵遍曹家所有人，說到荀彧時，也只好說：「文若可借面弔喪。」荀彧沒啥黑點，就只是好看，只能靠臉好看去弔喪。

考慮到發明九品中正制的陳群，都被禰衡說成屠沽之輩，荀彧得美成什麼樣，才能讓禰衡都罵不下口，只好說「荀彧你就只能靠張臉」！

許多人會覺得，郭嘉是大帥哥，其實歷史上郭嘉容貌無載，可見至少荀彧的相貌不會次於郭嘉 —— 不然為什麼歷代大家都說荀彧帥，很少提郭嘉呢？

收藏　　236　　67　　108

嗯！ Who 怕 Who！

來呀！ battle 呀！

【周瑜&孫策】

「雄姿英發，羽扇綸巾。」
「姿質風流，儀容秀麗。」

蘇軾《赤壁懷古》，想像周瑜「雄姿英發」。羅貫中寫《三國演義》，說周瑜「姿質風流，儀容秀麗」，其實風格也有些差異。

《三國志》說周瑜「瑜長壯有姿貌」。

意思是高大強壯，姿貌好；本身又風雅懂音樂，但周瑜並不是一般設定裡陰柔型的──人家高大偉岸著呢。

反而是周瑜的好哥們孫策，長了一個萬人迷的好容貌，還愛說愛笑，所謂：「策為人，美姿顏，好笑語，性闊達聽受，善於用人，是以士民見者，莫不盡心，樂為致死。」

我猜測孫郎和周郎這對萬人迷，周瑜比孫策高挑，更威武，更壯碩；孫策可能更秀美愛笑一些。

 收藏　 235　 57　 108

【馬超】

載入中……

馬超的容貌，正史無載。但我估計長得不壞：他爹長得好，又是混血兒，一定很有風味。

騰為人長八尺餘，身體洪大，面鼻雄異。

馬超在渭水時曾自負多力，身材是不會差的；估計繼承了爸爸的體格，面鼻雄異，很可能是異族臉。

他的偶像氣質，主要是《三國演義》塑造：「又見馬超生得面如傅粉，唇若抹朱，腰細膀寬，聲雄力猛，白袍銀鎧，手執長槍，立馬陣前。」

這才是白袍帥哥偶像派。然而馬超也沒當幾年白袍小將：在潼關大戰曹操時，馬超已經三十五歲了。

收藏　　235　　57　　108

【趙雲】

「雲身長八尺，姿顏雄偉。」

趙雲在歷史上，確實是好看的，但風格並非許多人想像的花裡胡哨小白臉帥哥——這實在是中國古往今來，民間第一扯淡誤解。

《雲別傳》說「雲身長八尺，姿顏雄偉」。

漢尺一尺合如今23釐米，由此可見，趙雲是個185公分左右，姿顏雄偉的漢子。注意用詞，是雄偉，是堂堂一表人才的河北大漢。

《三國演義》裡，羅貫中給趙雲編了個容貌，也沒怎麼走形：

忽見草坡左側轉出個少年將軍，飛馬挺槍，直取文醜，公孫瓚爬上坡去，看那少年：生得身長八尺，濃眉大眼，闊面重頤，威風凜凜，與文醜大戰五六十合，勝負未分。瓚部下救軍到，文醜撥回馬去了。那少年也不追趕。瓚忙下土坡，問那少年姓名。那少年欠身答曰：「某乃常山真定人也，姓趙，名

雲，字子龍。」

濃眉大眼，闊面重頤 —— 就是濃眉大眼，寬臉雙下巴。

所以，趙雲無論史實還是演義，都是高大雄偉、濃眉大眼、大臉雙下巴，燕趙悲歌慷慨的河北漢子，並非小白臉娘炮。拿武俠小說打個比方：他的容貌更接近蕭峰，而不是段譽。

所以老《三國演義》的張山版趙雲固然好，《赤壁》用胡軍演趙雲，很對。

【諸葛亮】

「亮少有群逸之才，英霸之器，
身長八尺，容貌甚偉，時人異焉。」

諸葛亮長了一副極好的容貌。《三國志》說他：「亮少有群逸之才，英霸之器，身長八尺，容貌甚偉，時人異焉。」

諸葛亮是山東人，高大英偉，185公分左右的個頭。

而《三國演義》則說：

玄德見孔明身長八尺，面如冠玉，頭戴綸巾，身披鶴氅，飄飄然有神仙之

概。

這是羅貫中給諸葛亮增加了神仙氣派，弱化了他的偉岸屬性。所以歷代戲劇裡，諸葛亮都有點像個道士：過於強調他的神仙之姿和儒雅氣。其實諸葛亮身長八尺，容貌甚偉，而且有英霸之氣，是應該帶點高貴氣質、派頭十足才對。

歷史上，周瑜比諸葛亮大了六歲，然而各路戲劇裡，總彷彿周瑜年少俊美，諸葛亮老成持重，那也是刻板印象所致。

但周瑜是長壯有姿貌，諸葛亮是身長八尺容貌甚偉，赤壁之前如果有會面，估計就是一個二十八歲一個三十四歲，一對偉岸男子的會面吧。

【陸遜】

載入中……

陸遜，史實與演義都沒有容貌描寫。只能猜測他是孫策之女婿，又是好人家出身，容貌也差不到哪裡去。許多人印象裡，陸遜指揮夷陵之戰時，是

個白面書生，則是藝術誇張：那年陸遜四十歲了，雖然比對面的劉備小了二十來歲，但當年周郎戰赤壁時，也不過三十四歲。

【程昱】

「程昱字仲德，東郡東阿人也。
長八尺三寸，美鬚髯。」

程昱，正史說「程昱字仲德，東郡東阿人也。長八尺三寸，美鬚髯」。

折合一米九的身高，加上鬍子華麗，山東美男子。太史慈估計風格類似，但矮了 15 釐米。

關羽與程昱一樣美鬚髯，所以自覺逸倫超群，也不奇怪。

【程普】

程普的容貌是被歌頌過的：「程普字德謀，右北平土垠人也。初為州郡吏，有容貌計略，善於應對。」

所以我估計程普和周瑜一度不睦，是不是在爭奪東吳第一帥時輸了？

【呂範】

載入中……

呂範長得好，家貧時他老婆也願意跟他，說看他樣子都不會窮。

少為縣吏，有容觀姿貌。邑人劉氏，家富女美，範求之。女母嫌，欲勿與，劉氏曰：「觀呂子衡寧當久貧者邪？」

【袁紹】

袁紹也生了副極好的容貌，這一點，他和劉表是一樣的。

紹有姿貌威容，能折節下士，士多附之，太祖少與交焉。

而且袁紹風雅，極有禮貌，所謂「動見效仿」，那真是萬人迷。

聽說～你們叫我萬人迷？

【陸績】

「容貌雄壯。」

陸績。史載:「容貌雄壯。」

所以袁術才會請他去,讓他偷了橘子啊……

【曹操】

「姿貌短小,神明英發。」

曹操嘛……

姿貌短小,神明英發。

但是他又自覺不足以雄遠國,讓崔琰替他嚇匈奴使者。我估計曹操正史裡是個小個子俊秀型。

證據之一是,曹操寵愛曹沖:「容貌姿美,有殊於眾,故特見寵異。」

大概曹沖也跟曹操挺像的吧?

【姜維】

「時蜀官屬皆天下英俊,
無出維右。」

最後,我瞎猜一個美男子:姜維。

鍾會見姜維後,一見心折。跟杜預說:「以伯約比中土名士,公休、太初不能勝也。」

又世語曰:「時蜀官屬皆天下英俊,無出維右。」

古代人選官,是很以貌取人的,東漢魏晉尤其如此 —— 所以魏晉那批人,何晏、嵇康、阮籍都是出名的好模樣。

鍾會所舉的夏侯玄和諸葛誕,都是容貌不錯的人。

他對姜維尚未深交,而欣賞如此,大概姜維的容貌,相當可以吧。

考慮到那年姜維年過花甲了,年輕時得怎麼好看呢?

所以他初見諸葛亮時,諸葛亮這反應,一點也不奇怪:「亮見,大悅。」

看殺衛玠

出處：

《晉書·衛玠傳》曰：「京師人士聞其姿容，觀者如堵。玠勞疾遂甚，永嘉六年卒，時年二十七，時人謂玠被看殺。」

魏晉時期的著名美男子衛玠由於長相俊美，出門經常被人圍觀，再加上他身體羸弱，久而久之，積勞成疾，病倒過世。人們傳說衛玠是被看死的，於是便有了「看殺衛玠」的說法。後來這個詞被用來形容美男子。

小劇場：

西元286年，西晉的某一天，官宦世族衛家添了第二個孫子。全家人非常激動，給小兒子取名為「衛玠」。

衛玠自小聰慧過人，一副乖巧可愛的模樣。正是這副不同於俗人的樣貌，讓他小小年紀走到何處都分外引人注目。小衛玠有點害羞，還以為自己是哪裡與眾不同。他偷偷扯過自家祖父的衣角悄聲詢問，祖父哈哈大笑，當下就把小衛玠抱到懷裡，聲如洪鐘道：「此兒有異於眾，顧吾年老，不見其成長耳！」

遠書上的男子可真美！

哦，是嗎？

你呀，是太優秀了，可惜我年紀大了，看不到我小孫子長大成人後的風姿了。

有了祖父的話，小衛玠心裡有數了。他甚至在心裡小小得意了下。

可惜隨著年齡的增大，衛玠雖然滿腹才華，卻是體弱多病。前來拜訪和探望的朋友很多，母親為了他身體著想，不讓他多說話。只有某些親友聚會的場合，偶爾能暢言幾句。也就這為數不多的幾次言論，被當時甚有聲名的名士王澄所聽到，瞬間為衛玠的言論和氣度所折服，他簡直成了衛玠的小迷弟，三句話不離衛玠。

王澄的名望相當高，一來二去，舉國上下都知道了衛玠的才名與樣貌，就指望某日能見上一面。

一日，衛玠從豫章郡到京都。當時的京都人民早幾日就知道他要來的消息，每天翹首以盼。

待他到來的那日，早已裡三層外三層地將道路以及衛玠的車馬圍得水泄不通，歡呼聲更是震耳欲聾。

衛玠本就身體不好，經這一遭，先不說陡然被這聲勢嚇了一跳，擁堵的人牆也使得空氣不暢，耳邊又充斥著各種嘈雜，腦子嗡嗡作響。沒過多久，他身體就撐不住了，患上了重病，最終病入膏肓，不幸去世了。

欸～我跟你說，城南潘家的公子可好看了呢！

擲果盈車

《世說新語・容止》

出處：

南朝宋・劉義慶《世說新語・容止》：「潘岳妙有姿容，好神情。」劉孝標注引《語林》：「安仁至美，每行，老嫗以果擲之滿車。」

潘安，即潘岳。西晉著名文學家。潘安容貌俊美，駕車走在街上，所有人都為之傾倒，情不自禁地將水果扔進他的車裡，直到裝滿整整一車。後來用來比喻女子對美男子的愛慕與追捧。

小劇場：

潘安最近很苦惱，他的臉上多了一大塊烏青。疼還是其次的，他的好友公孫弘看到這處瘀青竟不住地嘲笑他，自己的愛妻非但不安慰自己，反而也在一旁偷笑。

「西晉美男榜榜首的潘安潘大才子破相了！」一時之間，街頭巷尾隨處可見三兩成群的女子，面容惆悵地聚在一起悲切地談論：不知潘公子臉上的傷到底傷到何種程度了，真想去探望一下潘公子呢。

潘府門前慰問的補品堆了一茬又一茬，快把潘府給圍住了。

然而潘家大門依舊緊閉，謠言愈演愈烈。潘公子不會是毀容了吧？

潘府今天的午餐是 —— 奈果燉肉。潘安已經連續吃了一個禮拜的水果，他感覺自己要吐了。

臉上的瘀青終於好多了，但看到自家後院堆的那一車水果，他覺得自己腦仁兒又開始痛了。

今兒有好友邀約，前幾日礙著臉上的傷謝絕了好幾次，今日傷好得差不多了，他收拾了一番，準備駕車前去赴約。

站在門前，他深呼了一口氣，伸手往前推了推門，咦，好像被什麼

東西堵住了？

潘安使勁兒地往前推，「哐噹」一聲，他隱約聽到門外傳來什麼重物落地的聲音。隨即門縫漸漸打開，滿地的水果整整鋪滿了府前的路，潘公子驚呆了。

又是水果，怎麼又是水果。他好不容易清出了一條道，容得自己和車馬通過，還沒來得及上車，就聽見一聲驚呼——「姐妹們！潘公子沒有破相！潘公子今天終於出門了！」

一個轉身抬眼，只見漫天的水果朝著自己呼嘯而來——還沒回過神，眼前突然一陣發黑，「咚」的一聲，一顆桃子重重地砸在了潘美男的頭上。

今天也是被水果傷害的一天。

出處：

戰國時期，楚國著名詩人宋玉，傳說他東面的鄰居有一個長相奇美的女兒，她仰慕宋玉的才能，每天都在牆頭偷偷地瞧著宋玉，可惜瞧了三年，宋玉也沒有看出她的心思。

現用來比喻貌美多情的女子。

宋玉東牆

《登徒子好色賦》宋玉

小劇場：

楚國一位名為宋玉的公子正在家內潛心創作已有一月。

近些日子，他總是靜不下心來，老覺得有股若有若無的視線在窺視自己，但抬眼望去，四下除了家裡的僕人小廝在各司其職，並無其他異常。

他有點困惑，難不成是自己太敏感了？宋下放下手中的竹簡，現下正是暮春時節，江南草長，雜花生樹，今日又恰逢連綿多日的春雨停歇，細碎的陽光透過窗櫺灑在面前的書桌上。

踏青賞玩的好時節呀，宋玉收拾了一下衣著，和府內管事兒的老伯說了一聲，便出門而去。

路過東邊一處房舍之時，恰好鄰居家的女兒剛去市集上採買歸來，倆人在路邊

打了個照面。

鄰居家的女兒可是楚國數一數二的好樣貌，頗有才情，性情也十分賢靜。

宋玉對著女子行了一個禮，鄰居家的姑娘也微微屈膝向他示意了一番，微風拂過她的面龐，撩起幾縷髮絲輕揚，平添了幾分柔情與眷戀。

打了聲招呼，他便繼續向前走去。全然不覺身後的視線仍留戀於他身上。

兩家隔得不遠，說不上多熟悉，也算客客氣氣的。每每遇見也會這般示意一番。

三年之後，宋玉偶然聽得自家小廝閒聊道，東面鄰居家搬到了另一處地方，怕是以後再也見不到那名美貌的姑娘了。

事發突然，他吃了一驚，便向小廝打聽細節，小廝有點畏縮，最終還是吐露了實情。他這才知道，原來鄰居家的姑娘仰慕宋玉已久，時常偷偷攀上牆頭只為瞧一眼心儀的郎君，後來被家裡父母知道了，便舉家搬走了，好斷了她這不切實際的念想。

小廝末了還歎了口氣說道：「可真是個癡情的姑娘，可憐自家少爺是個不解風情的呆瓜。」

聽完一席話，宋玉神情有些恍然，不知是否在回憶那姑娘微赧的面容。

出處：

《破陣子》 李煜

沈腰潘鬢

南唐・李煜《破陣子》詞：「一旦歸為臣虜，沈腰潘鬢消磨。」

沈腰：南朝的大臣沈約想告老辭職，於是給中書令徐勉寫了封信，說自己年老多病，最近衣袋漸鬆，每月估計腰肢要縮小半分。於是後來「沈腰」便成腰圍瘦減的代稱。

潘鬢：潘岳三十二歲見白髮，是未老先衰的標誌。後用「潘鬢」等作為中年即鬢髮斑白的代稱。

現用「沈腰潘鬢」形容姿態、容貌美好（特指男子）。

小劇場：

西晉的美男榜榜首潘安去世之後，民間的姑娘們頓時哭作一團。

時間回到潘安32歲的時候，那時正逢他遭遇貶謫，仕途不順。

潘安雖不想表露出來，但耐不住心中鬱結，滿腔的抱負得不到施展，一來二去，他的兩鬢竟冒出了幾縷銀絲。起先潘安還沒察覺，走到路上，聽到街旁一旁的姑娘們竊竊私語：「潘公子的鬢角竟然長出了白髮。」

他心裡一驚，繼而有些尷尬地想要掩飾一下，還沒來得及伸出手，又聽到一句話：「哇，好酷哦，好仙哦，好時尚哦，以後我也要這樣。快幫我找找，我有沒有白髮。」

潘安抬起的手僵在半空中，一時間不知該何去何從。

此時的潘安正在「古今文豪交流所」裡和李煜聊天喝茶，聽到自己當年的故事有些哭笑不得，繼而聽聞李煜說，他的一首詞裡提到的「沈腰潘鬢」，現已成為美男子的代名詞。

「沈腰」是什麼，潘安心裡有點奇怪，能和自己相提並論的人，必須得見見。

他向李煜打聽，得知此人是南朝的文壇領袖沈約，當下就坐不住了，放下手中的茶杯就起身去找沈約。

結果到了人家門口，開門的竟然是一腰身有些粗壯的中年男子。

潘安大吃一驚：「『沈腰』可是閣下？」

沈約先是一愣，有點不好意思地答道：「哎，那不是我當年年紀大了，想要辭官，結果皇帝不讓，只得賣慘，說自己『每過一段時間，腰帶就要縮緊幾個孔』。哪知現在竟有了這番解讀。」

潘安了然，下一秒卻擺正了顏色，說道：「沈兄，過去的事兒就不說了。你看現在，世人都用『沈腰潘鬢』來代指美男子了，我們得以身作則，從今天開始，你要開始健身了，你這腰圍忒寬了。」

出處：

典故出自《晉書·卷四十·賈充列傳·（孫）賈謐》，現多指男女偷偷約會。

小劇場：

西晉賈大人家的小女兒最近有點不對勁，總是盯著窗外發呆。賈大人家的小女兒驕縱慣了，以往要她做點女紅總是推三阻四不耐煩，現下每每都是雀躍地拿起針線繡起來，有時甚至會哼唱些曲子。

賈大人對此表示很詫異，但一時之間也沒有什麼確切的證據，興許只是孩子大了，有少女心了？

這日，賈大人又在家邀請幕僚文人前來聚會。言談間突然聞到一股似曾相識的異香，賈大人一驚：這不是武帝賞賜給自己的西域奇香嗎！自己也就給了自家女兒，這事……有蹊蹺！

他掃了一眼在座的名士，隨即目光鎖定在了一名容貌俊美、言行頗有風度的男子身上，賈大人瞇著眼睛在腦海中搜索了一遍，此人名叫韓壽。容貌嘛，還是挺配的，其餘的還得細細考量一番。

賈大人自家的小女兒生得也是貌美異常，大女兒如今已貴為皇后，賈大人本想將小女兒也嫁個有名望的世家大族，但如今看來，小女兒對此人早已芳心暗許，眷戀頗深。

他將小女兒身邊的婢女找來仔細盤問了一番，這下才得知，早在韓壽第一次來自家的時候，小女兒就動了心，還托婢女悄悄給韓壽送了定情信物，一來二去，這倆人早已兩情相悅。

賈大人疼惜女兒，且看韓壽也不是一個徒有外表的浪蕩之人，便成全了小女兒和韓壽的這一段姻緣。

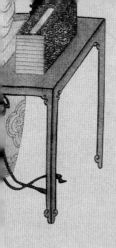

《北史・獨孤信傳》

側帽風流

出處：

《北史・獨孤信傳》：「信在秦州，嘗因獵日暮，馳馬入城，其帽微側，詰旦，而吏民有戴帽者，咸慕信而側帽焉。其為鄰境及士庶所重如此。」

形容由於本人長得好看，因此他的疏忽之舉也會成為世人稱讚的對象。

小劇場：

秦州最近突然開始風行一種穿戴之風──將好端端的帽子側著歪戴在頭上。好看是好看，就是得時常注意著帽子，以免一個不小心就掉了下來，導致路上行人為了保持造型大多伸著一隻手扶著頭上的帽子。有外鄉人來到秦州，一時間還以為秦州人民通通患了頭風呢。

此時獨孤信正在府衙中查閱著公務，身側的小吏正在通報著近日秦州的一些事況，說著說著就跑偏了，提了提近日流行的「側帽之風」。聽聞此話，獨孤大人愣了一愣：「百姓們側帽也就算了，你可是官府的人，歪戴著帽子成何體統，傳到上面去了，叫陛下怎麼看我們秦州。」

小吏有些不情願地扶正了帽子，還不忘嘴裡碎碎念：「那不是因為大人你嘛……」

獨孤大人「哼」了一聲，抬眼瞪了瞪身側的小吏。

事情是這樣的，獨孤大人素來愛好閒暇時去往城外的山林中打獵，某日可能是運氣不好，消磨了大半日也沒獵到多少獵物，不知不覺天色漸晚，馬上將要宵禁。獨孤大人快馬加鞭往回趕，一個不留神，差點從馬背上摔下來，手忙腳亂之際，他的帽子被風吹得凌亂不堪，一時之間也沒察覺，哪知到了城門口被守門的小吏給看見了。

結果第二天，他這一疏忽舉動竟成了秦州人民爭相效仿的對象。獨孤大人好面子，也不想解釋，只得任由百姓模仿。

也不怪秦州百姓對獨孤大人的模仿，秦州以前是個窮鄉僻壤，官員昏庸，百姓生活更是一言難盡，自獨孤大人擔任秦州刺史，大家生活可是越來越好了。

不知道獨孤大人引領的下一個風潮會是什麼，秦州百姓表示很期待。

卷三 靈蘭祕典論 文藝復興成論 五藏別論 六節藏象海

傅粉何郎

《世說新語·容止》

出處：

南朝宋·劉義慶《世說新語·容止》：「何平叔美姿儀，面至白，魏明帝疑其傅粉。正夏月，與熱湯餅。既啖，大汗出，以朱衣自拭，色轉皎然。」後泛指美男子。

小劇場：

魏明帝和身旁的小太監打賭，賭約的重點在於一個人—何晏，何大人。

魏明帝素來不喜歡何晏。何晏整天沉迷修飾打扮，有才又如何，一點男子氣概也沒有。面容還那般白淨，誰知道是不是悄悄搽了白粉。一旦心裡有了猜疑，就越看越不對勁。他忍不住對身側的小太監說道：「那何晏定是每天在臉上塗脂抹粉後才來上朝的。」

誰知小太監早已被何晏的容貌所傾倒，悄聲反駁：「何大人向來這般白淨。」

魏明帝不樂意了，非要抓著小太監一起立下賭約。

此時正值酷暑，魏明帝備了一碗熱湯麵，著人叫何晏前來。何晏急匆匆趕到殿內，還沒來得及歇一歇，就聽得皇帝說：「賞你一碗麵，現在吃。」

何晏有些摸不著頭腦，又礙於聖命，便乖乖地坐下來吃麵。不一會兒便吃得大汗淋漓，他只得用衣袖擦汗，一碗麵吃完了，面色竟然更白淨了。

接著魏明帝二話不說就把何晏給趕走了。本就輸了賭約的魏明帝回頭看到小太監還在偷笑，當下更不開心了，大聲地說了一聲「放肆」，把小太監也給趕走了。

賭約輸了，面子也沒了，何晏果然很討厭。魏明帝心想。

荀令留香

《襄陽耆舊記》

出處：

　　亦做「留香荀令」。描述的人物是三國時期的美男謀士荀彧。後以「荀令香」或「令君香」形容大臣的風度神采，也泛指人風雅倜儻。

小劇場：

　　在劉弘大人手下任主簿一職已有些時日，張坦很尊敬這位大人，但他好像發現了自家大人的一個秘密—大人身有異香。

　　第一次聞到香氣，張坦以為是因為正值花期繁茂之時。

　　第二次聞到香氣，張坦以為是自家大人不小心沾染了香料。

　　第三次聞到香氣，張坦甚至覺得是自己嗅覺出了問題。

　　後來他發現，每次香氣都是緊跟著自家大人，次次香氣還不一樣。直到他在自家大人的府上，看到了無數香爐，甚至連廁所裡都有。

　　這下張坦不開心了，他甚至有點看不起劉弘大人。

　　張坦這人心裡本就藏不住事，還沒過幾天，劉弘也發現了不對勁，詢問後得知原來是香氣惹的禍，他心裡也苦：「荀令君（荀彧）到別人家，他坐的席中三日留香。我與令君比怎麼樣？您為什麼不喜歡我的愛好呢？」

　　張坦聽到荀彧的名字更不開心了，也不在乎自己說話亂了尊卑：「以前有一位美貌的婦人，生病而捧心皺眉，見到的人都覺得賞心悅目；她的鄰居一個醜婦效仿她，見到的人就避之不及。您想要讓下官向後退走嗎？」

　　劉弘先是一愣，繼而有些哭笑不得，沒想到自己一個簡單的愛好被張坦解讀成了這樣：「所以說，你是荀令君的小迷弟嗎？」

　　被拆穿的張坦露出了一絲羞愧：「哼。」

蒹葭倚玉樹

《世說新語·容止》

出處：

南朝宋·劉義慶《世說新語·容止》：「魏明帝使后弟毛曾與夏侯玄共坐，時人謂蒹葭倚玉樹。」比喻一醜一美不能相比。

小劇場：

夏侯玄和毛曾是死對頭，且不說政務工作上的問題，就毛曾那長相就讓夏侯玄吃不下飯。

何晏和夏侯玄是好友，兩人不僅性格相近，連平時的一些志趣愛好也甚是投契，時常一起結伴而行，那場面，可是相當引人注目。

何晏容貌俊美，才名在外，夏侯玄也是一個儀表出眾之人，少時就頗有名望，倆人走在一起，極為賞心悅目。

夏侯玄交友雖不以貌取人，但這皮相，至少也得看得過去，再加上他自己也是個自視甚高、傲氣十足之人。看到毛曾那副狗顛屁股的狗腿樣，配上一副不堪入目的容貌，實在讓夏侯玄心生厭煩。

毛曾是個不會看人臉色的人，老是仗著自己的姐姐是皇后，非要和夏侯玄湊到一起。他甚至還和自己的姐夫（魏明帝）說悄悄話，什麼自己很喜歡夏侯玄，希望姐夫幫幫自己。

魏明帝也是個護短的人，只要這倆人一同出現，必定將他們安排到一個席位上就座。夏侯玄雖有滿腔怒火也不好發洩，只得板著個臉，裝成一個木頭坐在一旁，任憑毛曾說什麼也不給個回應。

夏侯玄這表現不等於當場打皇帝的臉嘛，魏明帝不高興了，你算哪塊小餅乾？長得好看了不起啊！

沒過多久，鍋從天上來，夏侯玄被降職了。降職就降職，反正再也

不用看到毛曾了，他心裡倒是沒多在意，下一秒就去找何晏洗眼睛了。

可憐的毛曾正一個人躲在家裡的角落暗自神傷，聽姐夫說何晏每次出門都會搽粉，自己要不要去找何晏討教一下美容的手法呢……

出處：

南朝宋・劉義慶《世說新語・容止》：「裴令公有俊容儀，脫冠冕，粗服亂頭皆好，時人以為玉人。見者曰：『見裴叔則，如玉山上行，光映照人。』」

玉山上行

《世說新語・容止》

小劇場：

隔壁的潘安出門又被狂熱粉絲給圍堵了，不僅將他的車馬用水果塞滿了，還把潘安的頭給砸了，小道消息稱，他前幾天被水果砸的臉剛剛好了一些，現下剛一出門腦袋就給砸了。太可憐了。

裴楷坐在家裡嗑著瓜子，聽著自家小廝講述最近的八卦，邊聽邊笑，還跟著一起吐槽。小廝看到裴楷這副模樣，止住了話音，神情有些鄙夷地看著自家公子。

「公子，您還好意思笑別人嗎？」

嗝？笑到一半正開心的裴楷莫名其妙道：「怎麼了？」

「公子您的粉絲群體也很驚人，只是沒有潘公子的那麼狂熱。您的外號是『玉人』，路上的姑娘可都說了，公子您是玉雕的人，氣宇不凡，哪怕是蓬頭垢面也遮擋不住您的仙氣。指不定哪天，您一出門，就會有成群的姑娘嚷嚷著要撫摸一下您的身軀，沾染一下仙氣呢。」

裴楷聽到小廝這話，腦海中瞬間出現了一個畫面，當下給嚇得打了個顫：「你別胡說！他們這樣叫我怎麼就是看中了我的容貌呢，明明是被我的風度所迷倒了。」

「……」小廝們對自家公子的自戀有些無語。

新詞必學

出處：

《南史‧謝晦傳》：「時謝混風華為江左第一，嘗與晦俱在武帝前，帝目之曰：『一時頓有兩玉人耳。』」

《晉書‧謝混傳》：「及宋受禪，謝晦謂劉裕曰：『陛下應天受命，登壇日恨不得謝益壽奉璽綬。』裕亦歎曰：『吾甚恨之，使後生不得見其風流！』」

小劇場：

有兩人看王彧不順眼，無奈一來沒本事，二來容貌風采也不及他，只能在背地裡傳些謠言來噁心王彧。

這種謠言王彧向來是不放在眼裡的，但這次，他捕捉到了個關鍵詞——「謝混」。

據說這位名士在世時，其風華才學號稱江左第一，甚至連當時的皇帝都因他的早逝而感到惋惜。

王彧有個迷弟叫袁粲，他說：「王彧非但風流可愛，就是吃喝的樣子也很好看。」王彧心裡竊喜，但又聽到袁粲的門客說，自己和謝混比起來，簡直粗俗得和農夫一樣。

這是王彧第二次聽到有人將自己與謝混相比了。如此風華絕代之人，卻未曾目睹其風采，實在是太可惜了。

超級叛男夏令營 IV

林花謝了春紅，太匆匆，

無奈朝來寒雨晚來風。

詩詞篇

如何當一名集才華和顏值於一身的美男子？

文／江湖夜雨

江湖夜雨，詩詞鑒賞類暢銷書作者，央視《中國詩詞大會》詩詞達人、河北衛視《中華好詩詞》第三季總冠軍。

・王維 01

松風吹解帶，明月照彈琴

說起歷史上詩詞文賦、琴棋書畫樣樣俱佳的俊美才子，王維要算作是當中最出眾的一個。詩文咱就不用說了，王維的書畫可是名動千古，音樂才能也毋庸置疑，人家可是用一曲琵琶贏得玉真公主青睞的。

因為第一次科舉，王維落第，於是他通過岐王等人，走通關節。在一次酒宴上，經岐王引見，「妙年潔白，風姿鬱美」的王維懷抱著琵琶，在酒宴間為玉真公主獻藝。

公主聽了王維演奏的〈鬱輪袍〉後，心神俱醉，讓宮婢將王維帶入室內，換上華麗無比的錦繡衣衫，然後安排王維入宴，坐在賓客的上首。席間，眾人談笑之際，公主覺得座中王維風流蘊藉，語言諧戲，不禁一再矚目。

當王維吐露出想考取功名的願望時，玉真公主心情正好，於是說，你這一年考去吧，保你中狀元。岐王這時插話說：「狀元這名次，妳不是許給張九皋（張九齡的弟弟）了嗎？」玉真公主瞅著王維，越看越

愛，也顧不得張九皋這頭的情面了，嗔道：「我愛誰就是誰。」於是第二年，王維就順順當當地進士及第，而且是頭名狀元。

由此可見，王維的相貌也是一等一的，在這個看臉的世界裡，王維真是最理想的郎君了，他有才有貌，精書畫，擅琵琶，性情溫和，喜歡在花前月下、松間石上流連。當年劉秀曾說「娶妻當娶陰麗華」，我勸大家如果穿越到唐朝，可謂「嫁郎當嫁王摩詰」。

王維少年之時，就已才華橫溢。少年的王維有著「相逢意氣為君飲」的俠氣，有著「紅豆生南國，春來發幾枝」的純情，有著「勸君更盡一杯酒，西出陽關無故人」的真摯。

在王維十七歲時，他寫下了著名的《九月九日憶山東兄弟》：

獨在異鄉為異客，每逢佳節倍思親。
遙知兄弟登高處，遍插茱萸少一人。

句子平白樸實，卻渾如天成，毫不雕飾，其中的真情不知感染了千百年來的多少人。

雖然王維後來官至右丞，但正像王維說的那樣：「晚年惟好靜，萬事不關心。」只喜歡在山林泉下「松風吹解帶，山月照彈琴」。王維由於後來篤信佛學，所以有「詩佛」之稱。

品味王維的詩，有一種遠離紅塵的靜謐。其他人的山水詩，往往憶古思今，但王維好多詩不是，只看到醉心於山林中與之融為一體、水乳交融的幽情雅意。

請看「人閒桂花落，夜靜春山空」，請看「明月松間照，清泉石上流」，請看「空山不見人，但聞人語響」，請看「雨中山果落，燈下草蟲鳴」。王維筆下的那種清幽、安靜、自然，如一潭清澈的水，無波無瀾，卻又清清爽爽。真所謂「鳶飛戾天者，望峰息心；經綸世務者，窺谷忘返」，王維的詩簡直是夏日裡一杯清涼的香茗。

詩詞篇

　　如果你有一個人去山裡面轉的雅興，當山裡一個人也沒有，而又風景優美、心情暢快的時候，你心中一定會不由得想起王維的詩：「興來每獨往，勝事空自知。行到水窮處，坐看雲起時。」

　　多麼清寂恬靜的氣息，接近禪意。

　　有一首寫雪景的詩，雖然流傳不是太廣，但還是相當值得品讀：

　　寒更傳曉箭，清鏡覽衰顏。隔牖風驚竹，開門雪滿山。
　　灑空深巷靜，積素廣庭閒。借問袁安舍，僵然尚閉關。

　　寫雪景的詩說來不少，但是風格各異。雖然寫的都是雪，但其中意境大不相同。

　　「未若柳絮因風起」，這種翩翩然的意境自然是大才女謝道韞的句子，而「皓虎顛狂，素麟猖獗，掣斷珍珠索」，這種猙獰霸悍的口氣就只有一代梟雄完顏亮才講得出。「明月照積雪，朔風勁且哀」透露出亂世中謝靈運的惆悵，「亂雲低薄暮，急雪舞迴風」是饑寒交迫裡老杜的辛酸。「欲將輕騎逐，大雪滿弓刀」，寫的是雪中的豪情，「孤舟蓑笠翁，獨釣寒江雪」寫的是隱者的胸懷。而一向推崇幽靜的王維，他筆下的雪景，卻是如此地恬淡靜謐。

　　在一個雪後的清晨，已是白髮衰顏的詩人起來梳洗時，不免對鏡感歎。此時他聽到窗外風動竹聲，開門後只見遠處山上早已積滿白雪，這雪還在下，靜靜地下，此時的街巷是那樣地幽靜，似乎整個世界都空無一人，只有雪在悄悄地下。鹽粒般的雪，灑遍整個庭院。這時詩人想起老朋友胡居士（信佛但未出家者稱居士），想必他正在閉門悠然自得吧。

　　讀王維的詩，如欣賞一幅輕筆淡墨的山水畫，如聽一曲清淡平和的古琴曲。他的詩多數都是體現一個靜字，「人閒桂花落，夜靜春山空」、「澗戶寂無人，紛紛開且落」、「雨中山果落，燈下草蟲鳴」……都是如此。此

詩也不例外，這句「灑空深巷靜，積素廣庭閑」，寫雪中之靜，當真妙到巔毫，詠雪詩中無人可及。

王維既是詩人，又是極擅丹青筆墨的畫家，以王維獨有的繪畫家的眼光來感知，所以才敏銳地察覺到落日之「圓」和孤煙之「直」。而「白」、「青」這兩個字也是畫家對色彩方面特有的敏感。

他首先採用「破墨」新技法，以水墨的濃淡渲染山水，打破了青綠重色和線條勾勒的束縛，大大發展了山水畫的筆墨新意境，初步奠定了中國水墨山水畫的基礎。我們看一下王維所著的《山水論》中的幾句話：

凡畫山水，意在筆先。丈山尺樹，寸馬分人。遠人無目，遠樹無枝。遠山無石，隱隱如眉；遠水無波，高與雲齊。此是訣也。

山高雲塞，石壁泉塞，道路人塞。石看三面，路看兩頭，樹看頂頭，水看風腳。此是法也。

由此可見王維畫技之精深。

與此同時，王維還精通樂理，擅彈琵琶。雖然我們聽不到他的〈鬱輪袍〉，但他的音樂才華是世人公認的。呵，人家公主都讚賞，我等誰能不承認。《唐才子傳》中寫有個人拿一幅〈按樂圖〉給王維看，王維一看就說是「此〈霓裳〉第三疊最初拍也」。這人不信，讓人一彈，彈到此處，對圖一看，果然就是這樣的姿勢，王維音樂方面的才華可見一斑。

尋常的人有一項成就就可以躋身於才子之列，何況王維竟集詩書畫琴四絕於一身？

王維給我們留下的那些好詩句，最適宜在雨聲滴瀝的秋夜裡一個人靜靜地讀，讀著讀著，你心中的傷感、孤獨、寂寞會像被山中的清泉水洗過一樣紛紛淡去，只留下和詩中山水一樣美的心境：恬淡、清幽、澄靜。

人們往往說什麼「才比子建，貌似潘安」，其實王維又何嘗不俊秀，又何嘗不多才多藝？

·李煜 02

往事已成空，還如一夢中

　　提到南唐後主李煜，相信大家眼前會浮現出一個溫文怯弱、眼中飽含委屈的男子形象。明月小樓，笙歌聽罷，任淚水滿面縱橫，無奈一江春水東逝，舊夢無蹤！一滴滴洗面後落下的清淚，一滴滴肺腑裡沁出的鮮血，寫成了那些名傳千古的詞句。

　　如果人生可以選擇的話，他肯定不會選擇當一個君王。

　　據說，李煜長得是「豐額駢齒」、「一目重瞳」，被稱為帝王之相。然而，當李煜被擒到汴京時，趙匡胤見了他那手無縛雞之力的文弱樣兒，輕蔑地笑道：「公非貴貌也，乃一翰林學士耳。」

　　如果李煜不生於帝王之家，能安安穩穩地當一個翰林學士，又是何等的幸福！明代余懷就感歎過「李重光（煜）風流才子，誤作人主」，清代郭麐也有詩惋曰「作個才人真絕代，可憐薄命作君王」。

　　君王的寶座，歷史上不知有多少人費盡心機，不惜弒父弒君，殺兄屠弟來攫取。而李煜，卻無心坐上那把龍椅。只不過時運逼人，這皇位想推也推不掉。

　　李煜並非長子，前面有不少的哥哥，但都死在他前面。當初看似最不可能屬於他的皇位，卻落在他的手裡。然而，這是一個燙手的山芋。當他繼位的時候，南唐已是勢如累卵，危在旦夕。

　　期盼李煜這個嬌氣怯弱的「富三代」，在武將出身的趙匡胤「虎口」下能有所作為，那可是太勉為其難了。後人往往事後諸葛亮，評斷李後主的種種昏招：什麼受敵國猜忌害死自己的大將林仁肇，誤殺了忠臣潘佑、李平（其實二人是自殺）等等。但平心而論，就算是李煜宵衣旰食般地勵精圖治，頂多是個「南唐版」的崇禎，那南國溫柔水波中的人兒，天生就敵

不過如寒潮般奔襲而來的北地鐵甲。

李煜前後有兩個皇后，後人稱為「大周后」和「小周后」，她們是一對姐妹。

「大周后」周娥皇是南唐開國老臣周宗的長女，生得「鳳眼星眸，朱唇皓齒，冰肌玉膚，骨清神秀」，通書史、能歌舞、工琵琶，是一位才色俱佳的美女。她和李煜一同譜製了很多新曲，並且將盛唐時失傳的〈霓裳羽衣曲〉補全重現。然而，他們卻忘了「霓裳一曲千峰上，舞破中原始下來」，這本是亡國之曲！

大周后二十九歲就不幸病亡，當時李煜悲痛欲絕，自稱為「鰥夫煜」，並為周娥皇寫下情深意切的悼詞，我們試看一段：

追悼良時，心存目憶……蟬響吟愁，槐凋落怨。四氣窮哀，萃此秋晏。我心無憂，物莫能亂。……事則依然，人乎何所？悄悄房櫳，孰堪其處？嗚呼哀哉！佳名鎮在，望月傷娥。雙眸永隔，見鏡無波。皇皇望絕，心如之何？暮樹蒼蒼，哀摧無際……

這和那些套話連篇的祭文不同，其中浸透著綿綿肺腑的深情。像「佳名鎮在，望月傷娥。雙眸永隔，見鏡無波」之類的詞語，和《紅樓夢》中《芙蓉女兒誄》的字句何其相似！

然而，李煜卻並非是專情之人，他和小周后早就密期暗約：

花明月黯籠輕霧，今宵好向郎邊去！刬襪步香階，手提金縷鞋。
畫堂南畔見，一向偎人顫。奴為出來難，教君恣意憐。

——《菩薩蠻·其一》

蓬萊院閉天台女，畫堂晝寢人無語。拋枕翠雲光，繡衣聞異香。
潛來珠鎖動，驚覺銀屏夢。臉慢笑盈盈，相看無限情。

——《菩薩蠻·其二》

這兩首詞寫得很是讓人心旌搖動，第一首更是名傳後世，堪為豔詞經典。「畫

詩詞篇

堂晝寢」是在白天，「花明月黯」則是深夜，看來兩人無論是白晝黑夜，都見縫插針般秘密幽會。「奴為出來難，教君恣意憐」這樣大膽露骨的句子，有著天雷勾動地火般的熾熱情懷。

「晚妝初了明肌雪，春殿嬪娥魚貫列。笙簫吹斷水雲間，重按霓裳歌遍徹。」這一闋《玉樓春》中的情景，寫出了醉生夢死中的李煜。

然而「林花謝了春紅，太匆匆」，這樣的好日子很快就到頭了。

即便是豪氣蓋世的西楚霸王，都有「時不利兮騅不逝」的歡惋，在五代十國那個用刀槍說話，用拳頭稱王的時代，我們又如何能期盼「生於深宮之中，長於婦人之手」的李煜，有「扶大廈之將傾」的神奇能力呢？

所以，等待李煜的註定是這樣的一幕：

四十年來家國，三千里地山河。鳳閣龍樓連霄漢，玉樹瓊枝作煙蘿。
幾曾識干戈？
一旦歸為臣虜，沈腰潘鬢消磨。最是倉皇辭廟日，教坊猶奏別離歌。
垂淚對宮娥。

——《破陣子》

關於這一首詞，蘇軾在《東坡志林》中曾嘲笑道：「後主既為樊若水所賣，舉國與人，故當慟哭於九廟之外，謝其民而後行，顧乃揮淚宮娥，聽教坊離曲哉！」

所謂樊若水，是一個懷才不第的讀書人，「高考」屢屢落榜後就自發地「潛伏」下來，為宋朝當了「地下工作者」。樊若水精心測量了長江天險的長度，繪成圖紙獻給趙匡胤。宋軍依此架橋「三日而成，不差尺寸」。

看來朝廷有才不能用，危害大大的，前有黃大王（巢）、後有洪教主（秀全），就算是樊若水這樣的普通人，也能把刀子捅到你的「罩門」上，叫你考試不公平，玩潛規則！

蘇軾嘲笑李煜英雄氣短，兒女情長，說得雖然不錯，但我們不能期望

溫柔鄉中長大的李煜有慟哭九廟的慷慨，正像我們不能期望賈寶玉能虎吼一聲，救出落難的紅樓女兒來一樣。

　　國破家亡，這對李煜的精神打擊可想而知，然而，他只有以淚洗面，寫出那一句句摧斷肝腸的詞句：

　　無奈夜長人不寐，數聲和月到簾櫳……

　　無言獨上西樓，月如鉤……

　　往事已成空，還如一夢中……

　　流水落花春去也，天上人間……

　　千里江山寒色遠，蘆花深處泊孤舟。笛在月明樓……

　　穿過光陰的深潭，這些珍珠一般的妙句，定將傳世不朽。然而，它們正如蚌中之珠，在李煜千百次心痛的擠壓摩擦下，在一年年血淚的浸潤之中，才得以有如此完美的輝光。

　　春花秋月何時了，往事知多少？小樓昨夜又東風，故國不堪回首月明中。

　　雕欄玉砌應猶在，只是朱顏改。問君能有幾多愁，恰似一江春水向東流。

　　　　　　　　　　　　　　　　　　　　　　　　　　──《虞美人》

　　這是李煜最著名的詞，也是他生命中的最後一首詞，據說趙光義聽他命人高唱「故國不堪回首月明中」之句時，大為不快，於是殺心頓生，命人用牽機毒酒藥殺了李煜。李煜十分痛苦，輾轉於地，最後頭足相接，縮成弓形而死。

　　這一天，正是七夕之夜。有人惋惜，說李煜為什麼要那樣露骨地表達思念故國的情懷？實在是太癡，太迂，太傻！其實，李煜可能早就無法再忍受精神上的折磨，就是死，他也要寫出心中的委屈！沒有喝那杯牽機

詩詞篇

毒酒前，李煜的肝腸早已被揪扯得寸寸而斷，他的腰身早就被折辱得佝僂不堪。

此後，小周后也在絕望中上吊自殺。

林花謝了春紅，太匆匆，無奈朝來寒雨晚來風。

胭脂淚，相留醉，幾時重。自是人生長恨水長東。

一場無法追尋的南唐殘夢，一段玉碎珠沉的末世哀弦。然而，這同時卻也是宋代詞壇的序曲。

身為趄趄武夫的趙氏兄弟，佔據了南唐的江山故土，不想李煜的精魂才氣，卻浸透到兩宋的數百年時光中，成為「弱宋」的主基調。而趙光義的子孫，也遭受了亡國之辱，這冥冥中是否真有天道循環？

王國維先生曾說：「尼采謂：『一切文學，余愛以血書者。』後主之詞，真所謂以血書者也。」然而，如果可以選擇的話，我寧可不要這些極好極好的詞句，不要這些字字凝血的佳作。就讓李煜做一個平庸而幸福的君主吧。

詩詞篇

書畫篇

美男晉級之路

文／古人很潮

現代美男想要成為偶像，必須得經過重重關卡，點滿唱歌、跳舞等技能點，才能受到粉絲的歡迎。古代也是這樣，單純長得好看就能成為名士美男？醒醒，別做夢了。除了長相突出以外，你還得具備其他的技能 —— 寫詩、畫畫。

大名鼎鼎的才子唐伯虎曾經說：「琴棋書畫詩酒花，當年件件不離它。」這句話就是告訴你，不懂琴棋書畫，不參加喝酒應酬，肯定是沒辦法在文人交際圈裡混下去的。

才華斐然的美男，我們已經在前面介紹過，接下來要講的是美男必備的另外一大技能 —— 書法。你可能會覺得奇怪，我字寫不好跟我才華橫溢之間有什麼關係呢？

在古代，沒有筆記型電腦，要進行文學創作，純粹靠手抄。想像一下，有一天，你遊覽完黃鶴樓之後詩興大發，在牆壁上提詩一首，接著揚長而去。圍觀群眾湊近一看，不禁傻了眼，這寫的都是些什麼玩意？

眾人不禁對你的文人的身份產生了深深的懷疑。

字寫得好不好，在古代是個嚴肅的門面問題。

那些風華絕代的美男子們，字寫得到底如何？

．嵇康 01

代表作：《與山巨源絕交書》、《酒會詩》

　　作為魏晉頭號男神，嵇康的書法自然不差。他跟山濤寫的絕交書，不僅登上了當時的熱門新聞頭條，更是流芳千古。

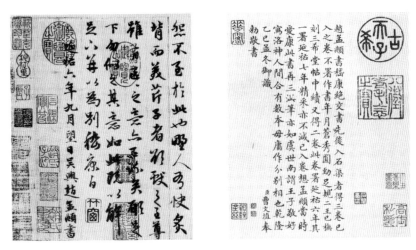

《趙子昂書嵇康與山巨源絕交書》

　　自非重怨，不至於此也。野人有快炙背而美芹子者，欲獻之至尊，雖有區區之意，亦已疏矣。願足下勿似之。其意如此，既以解足下，並以為別。嵇康白。

　　唐代著名書法「大V」張懷瓘曾經這樣評價嵇康的書法：「嵇康擅長書法，尤其是草書，你看那一筆一畫，一點都不捏揉造作，彷彿渾然天成一般。更絕妙的是，他的書法看起來飄逸異常，像一個高妙的隱士，雖然身處貧寒之地，但是內心傲然視物……總之就是棒棒棒！」

· 王羲之 02

代表作：《蘭亭集序》、《快雪時晴帖》

　　被稱為「書聖」的王羲之，由於書法成就太高，差點讓人們忘記他也是個風度翩翩的美男子。

　　王羲之出生於琅琊王氏，這個家族的人都長得一表人才，王羲之在其中氣質尤其出眾。他十六歲的時候，憑藉著帥氣的長相跟沉穩的氣質，被東晉名臣郗鑒選為女婿。

　　最可怕的不是別人有天賦，而是有天賦的人比你還努力。

　　王羲之就是這樣一個努力的「學霸」。他七歲時書法就寫得不錯，後來又跟著衛夫人學習書法，苦練數年後，終於融匯各家所長，有了自己的書法風格。

東晉 王羲之《快雪時晴帖》

東晉 王羲之《快雪時晴帖》

羲之頓首：快雪時晴，佳。想安善。未果，為結。力不次，王羲之頓首。山陰張侯。

王羲之的代表作是《蘭亭集序》，被譽為「天下第一行書」，吸粉無數。我們今天來看王羲之寫的字，不寬不窄，不剛不柔，平和自然，似乎沒有什麼顯著的特點。

沒錯，沒有特點就是王羲之書法的最大特點。

古代有名的書法家一般都有自己的特徵，要麼筆力剛勁，要麼瀟灑張狂，要麼獨樹一幟，比如宋徽宗的「瘦金體」，一出手就知道是誰。反觀王羲之的書法呢？看起來工整舒適，增一分嫌多，減一分嫌少，一切恰恰停留在了最合適的地方。

這種帶點兒「中庸」的筆法，看似容易，還真不是一般人能寫出來的。

將王羲之的書法推上神壇的，是他的頭號粉絲唐太宗李世民。唐太宗不僅到處去搜集王羲之的字，還親自臨摹自己偶像的作品，搞得當時朝廷上掀起了一股為王羲之打 call 的風氣。在唐太宗的應援之下，王羲之的名

氣越來越大，終於成了我們熟知的「書聖」。

《蘭亭集序》是王羲之跟朋友謝安等人在蘭亭聚會，喝多了之後即興寫的序言。就算喝多了，王羲之也非常講究，裡面共出現了 21 個「之」字，每個「之」的寫法竟然都不一樣！但是整體看來又不會覺得突兀，每個「之」字在其中顯得和諧又自然。

不得不感慨，書聖不愧是書聖。

《蘭亭集序》的真跡目前已經不知所終，好在我們還可以從臨摹本中看到當年曲水流觴的名士風流。

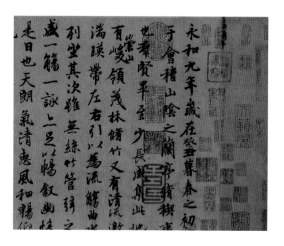

唐朝 馮承素摹《神龍本蘭亭集序》

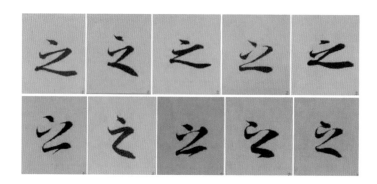

《蘭亭集序》中不同的「之」

・趙佶 03

代表作：《楷書千字文》、《穠芳詩》

　　按照古代人的標準來看，具有文藝細胞的宋徽宗趙佶是那種長相秀氣、風度翩翩型的美男。如果不是皇帝這個身份影響了他，他一定會成為當時舉世聞名的風流才子。

　　古玩、書法、丹青繪畫，趙佶什麼都愛玩，每一樣還都玩得很精通。其中他創造的瘦金體，可以說是前無古人後無來者，拋開傳統的楷書、草書、隸書，讓人發現原來字還可以這樣寫，實在是太厲害了！

　　趙佶手下的「小弟」蔡京也是一名書法不錯的美男子，驚喜不驚喜，意外不意外？可惜他們本職工作的風評實在太差，黑粉不少，戰鬥力沒有前面幾位美男強。

瘦金體

小欄目：古畫裡的名士風流

| 12,306人關注 | 103個回答 |

 古人很潮（樓主）

9,996 人贊同了該回答

在你眼中，
古代的美男可能長這樣。

但是實際上古人的畫中，
他們可能長這樣。

等等，這跟想像中的帥氣美男完全不一樣嘛！

　　一方面，古代對於美男的審美標準確實跟現代完全不一樣，另一方面，中國畫講究的是神似，而不像西方油畫那樣精細，仔細看看下面的畫，是不是感覺到了一絲高人飄逸的氣息？

飄逸X1
飄逸X2
……
飄逸X100

五代 衛賢 〈高士圖卷〉

　　這張畫描繪的是東漢名士梁鴻和妻子孟光秀恩愛「虐狗」的一幕。雖然是名士，梁鴻卻不是顏控，他的妻子孟光長得很醜，卻很賢慧，兩人一起隱居到大山裡，過上了舉案齊眉的幸福生活。

唐 孫位〈高逸圖〉

　　〈高逸圖〉，又名〈竹林七賢圖〉，是以「竹林七賢」為模特來畫的一幅傳世名畫，這可能是你距離偶像大大距離最近的一次！不過目前的〈高逸圖〉是殘卷，僅存有四個人物。

阮籍：真名士，
還是有點兒怕熱。

劉伶：我的酒量比阮籍更好，
別攔著我……我……還能喝……

王戎：我的愛豆嵇康大大
怎麼還沒來？

山濤：披著小絲巾的我最涼快，嘿嘿。
你說嵇康要跟我絕交？我不聽我不聽。

元 孫君澤 〈高士觀眺圖〉

　　這幅畫中的高士帶著一名小童眺望遠方，雖然不知道他們在看什麼，
也看不清名士的相貌，不過配上這雲霧縹緲的景色，還真的挺有恬淡的名
士風範。

宋 趙佶〈聽琴圖〉

明 文徵明〈松石高士圖〉

〈聽琴圖〉的作者，有人說是宋徽宗麾下翰林畫院的「小弟」畫的，也有人覺得這就是宋徽宗的親筆畫。畫上的人物，很可能就是宋徽宗自己。只見他一副道士的模樣，端坐中間彈琴，旁邊還有兩名迷弟在為他「打 call」，可以說是非常有「排場」了！

「名士聚會」是中國畫中的熱門題材，不少著名的畫家都踩過這個熱點。明代畫家文徵明跟好朋友蔡羽、王守等人外出旅遊，一路上遊山玩水，品茶聊天，吟詩唱和，過得十分愜意。這幅畫就是描述的名士們的幸福生活。

服飾篇

穿衣服也有講究？
教你一秒變身型男

文／古人很潮

我們現在看古裝劇裡的美男子，長袖寬衣，顯得俊美又飄逸，讓人羨慕得不得了。如果你穿越回了春秋戰國時期，並立志當一名傾國傾城的美男子，你會發現，這裡的流行風尚，跟電視劇裡完全不一樣。

別急著悲傷，雖然你沒有「神仙姐姐」似的衣裝，但這時候已經有不少好看的衣服可以供你選擇了。

商周時期的衣服，跟現代有些類似，袖子較窄，上下分開，但到了春秋戰國時期，一種叫「深衣」的連體服風靡了各個國家。

　　大家上班穿它，重大節日時穿它，就連祭祀時也穿著深衣。不過這種衣服穿起來行動不便，天天穿著它的人大部分是貴族，普通的平民百姓為了幹活方便，除了重大節日以外，其他時候都穿著短褐。

　　除了深衣以外，胡服在這個時期也頗受歡迎，初來乍到的你，也可以穿胡服體驗一把異域風情。

直裾

　　如果你來到了秦漢時期，首先要搞清楚自己的身份。漢代服飾有比較嚴格的冠帽制度跟佩綬制度，不同的官職，佩戴有不同形制的冠帽跟不同顏色的佩綬，一眼就能看出你是皇親國戚還是九品芝麻官。

　　搞清楚自己的身份問題後，你就可以興高采烈地給自己準備衣服了。你翻開一本《秦漢潮流誌》讀了兩頁，咦，怎麼現在流行的衣服跟之前差不多？

　　沒錯，漢代男子的服飾跟之前的差別不大，日常穿著主要分為曲裾、直裾兩種。曲裾，就是戰國時期的深衣，這一穿法在西漢時期比較流行。到了東漢，最新潮流服飾是直裾襜褕。和寬大的曲裾不同，直裾對身材的要求比較高，要想穿出英姿颯爽的氣質，建議你穿越之前先去健身房努力鍛鍊一陣子。

服飾篇

　　值得一提的，這時候曲裾深衣是男女通吃的，不是小姐姐的專屬哦！
如果你想成為一名著名美男子，下擺寬大，走路帶風的曲裾一定也挺適合
你。

直裾

　　如果你對秦漢不感興趣，一心想回到魏晉南北朝當個美男名士，你可
要提前做好心理準備了：魏晉南北朝時期的服裝，追求是寬大、飄逸的效
果，有時候還一言不合就「裸奔」。

　　這時候的名士們都覺得戴帽子太麻煩了，一點都不輕快自由，他們喜
歡的是幅巾，類似於我們今天的頭巾，這才是高貴儒雅的標誌。

大袖衫

　　這時候的穿著以「衫」為主。魏晉的名士們多光身著寬大外衣，或者

外衣內穿一件類似「吊帶衫」的奇特內衣，有時候還用飄帶作為裝飾，看起來非常飄逸，這便是辭賦中的「華袿飛髾」，用咱們現在的話說，那可真的是潮爆啦！

如果你想效仿「竹林七賢」，袒胸散髮，玩一回「裸奔」的行為藝術，記得披上一條當時流行的輕紗披巾，當你喝酒或者與人討論哲學問題時，身上的輕紗隨風揚起，這才有魏晉美男的風範嘛！

到了隋唐時期，潮流又變化了。這時候圓領袍衫是大受歡迎的男子服飾，除了祭祀典禮之外，其他時候都可以穿。

你可能覺得有些奇怪，這圓領袍衫看起來血統不太正宗，再一考證，還真是從「胡服」演化而來的。

隋唐時期正是民族融合的高峰期，這時候的流行服飾帶點兒異域風情不是什麼稀奇事。如果你有混血血統，穿越過去說不定會大受當時少女們的歡迎呢！

描繪唐太宗接見吐蕃使者祿東贊的〈步輦圖〉

看完了大唐流行風尚，下一站是無數文人名士都嚮往的宋朝。不得不說，時尚就是一次又一次的經典輪迴，到了宋朝，寬衣大袖之風又重新受到歡迎。「圓領袍＋復古風潮重新mix」組合成了新式圓領袍衫，是當時宋朝公務員們上班穿的衣服。如果你想當個宅在家的美男，直裰也是不錯的選擇。和色彩繽紛的唐朝服飾不同，宋朝比較流行素淨簡樸的服飾風格。

你想像一下，長相帥氣的愛豆穿著顏色質樸的衣衫，是不是有點「禁慾系」美男的感覺？

明朝時期的潮流基調就是「復古」，男子服飾大體上跟唐宋差不多，還是以袍衫為時尚，只是在具體的衣長比例、領子樣式等地方有細微的調整。這時候的文人墨客們很喜歡穿「道袍」，別誤會，這個道袍可不是要你當道士的意思，而是一種文化人的休閒服。

道袍

值得一提的是，如果穿越回明代，錦衣衛是你不容錯過的就業選擇。錦衣衛上班穿的飛魚服是賜福的一種，紋樣繁複，製作精良，穿上它，人群中最耀眼的那顆星就是你！

飛魚服

如果你不小心穿越回了清朝，可要準備接受死亡考驗了 —— 能經受得住禿（剃）頂（頭）考驗的美男，才是真正的美男。如果對自己的顏值沒有信心，請謹慎穿越。

看準了自己穿越的朝代，沒事多暸解一下本朝的時尚，該穿什麼你心裡應該有點數了。能不能成為舉世聞名的美男，剩下的全靠你個人的顏值造化了！

參考文獻：

《中國衣冠服飾大辭典》

服飾篇

當一位講究的型男，熏香瞭解一下？

文／孟暉

孟暉，知名學者、作家，通曉英、法、西班牙語。

作品有長篇小說《盂蘭變》、隨筆集《維納斯的明鏡》、《潘金蓮的髮型》、《花間十六聲》、《畫堂香事》及學術作品《中原女子服飾使稿》、譯作《西方古董欣賞》（與人合作）等。

近些年，幻想穿越時空的小說很流行，然而，如果真有一位宋代士大夫穿越到我們這個時代，大概要震驚於如今大多數中國人身上沒有香氣飄散，要驚訝於我們如此不在意香氛的魅力。

「荀令留香」，是個大家常常會讀到的著名成語。然而，這裡面究竟蘊涵了怎樣的典故，很多人並不清楚。

荀令是指三國時期曹操的謀士荀彧，至於他永遠濃香習習的說法，則來源於東晉人習鑿齒的著作《襄陽耆舊記》。書中介紹西晉人劉弘的一則軼事，說他「性愛香，嘗上廁還，過香爐上」（引自《藝文類聚》）。

這位劉弘乃是一代名將，但卻非常重視儀表的優雅，他身上的氣味一定要好聞。由

此，他形成個習慣，每次上過廁所之後，一定要站到香爐上方，把自己好好熏一會。他手下的主簿張坦卻覺得，堂堂軍人搞得這麼香噴噴，未免太「娘炮」，就勸他：「大家都傳言說您俗氣，還真沒說錯！」

但是劉弘爽快地回答：「前人荀彧只要去別人家做客，所坐過的地方一定會飄香三天。我哪裡就比荀彧差？你為什麼非要討厭我的喜好呢？」

劉弘的人生姿態爽朗自信，就是從他的回答中，後人才得知，在晉代曾經流傳著一則軼聞，說著名的美男子荀彧喜歡熏香，所過之處必定留香三日，從此，「荀令留香」的典故代代流傳。把衣服在香爐上加以熏香，乃是中國古代長久流行的風俗，荀彧與劉弘的事蹟恰恰告訴我們，熏衣並非女性的專享，男性也一樣喜歡衣香撩人的家居或外出。

我們今天或許以為，熏衣，就是在香爐內點上香，扣個熏籠，鋪上衣服。然而，中國古人事事都無比細緻講究，怎麼可能單在衣香的問題上簡單粗暴呢！

傳統生活中，熏衣形成了特殊的程式，貴族家庭還為之定製專門的配套熏衣器具，包括一個盛熱水的敞口深腹大「香盤」、一個帶把小香爐，以及一個竹編的大熏籠。在三國兩晉時期，貴族入葬時，會以這套熏衣具的明器作為陪葬品，長伴墓主人，可見古代上層社會對於衣香的注重，他們對於舉動間要隨時「香出衣」的孜孜追求。

宋代是中國文明的黃金時代之一，更是士大夫文化的輝煌時光，也是品香雅道的高峰。兩宋三百年間，優雅男士們熱愛衣冠飄香，相比荀彧、劉弘等前人，乃是有過之而無不及。

「鐵面包公」是深入人心代表正義的形象，實際上，這個經典人物是由兩位宋代真實人物綜合而成。原型人物之一為包拯，原型人物之二則是另一位北宋名臣趙抃。趙抃天生面黑，並且為人剛正，在朝堂上彈劾權貴

時毫不避忌，所以被公眾譽為「鐵面御史」。民間傳說把「鐵面御史」移花接木到包拯身上，才有了傳統文化中「鐵面包公」這一儒家道德的象徵。按我們習慣的思維模式，如此剛正的清官，一定生活簡樸，無嗜無欲吧？事實卻是，趙抃以喜歡焚香、熏衣，在當時名聞遐邇！

南宋人葉夢得《避暑錄話》裡記載，趙抃喜歡熏衣到了癡迷的程度，在他住處，設有一個特製的超大號熏籠，直徑達五六尺，籠下置放一個熏爐，終日香煙不滅。他常穿的衣服從不收入衣箱，每次脫下衣服，就直接扔到熏籠上，接受熏濡。由於熏爐長年熱香，所以一旦他搬家，原住處會長達幾個月餘香不絕。這樣說來，趙抃不僅衣香襲人，他的住處因為終日有熏籠緩吐煙麝，更是芳氣盈漾。

這位鐵面御史雖然癡迷熏衣，但到底還是遵循著通行的習慣，將衣服攤開在熏籠頂，熏畢再穿上身。北宋另一位重臣梅詢卻喜歡站到香爐上方，不僅熏衣服還熏自己！相關事蹟見於歐陽修的《歸田錄》，書中說，「梅學士」即梅詢，每天早晨開始辦公之前讓下人焚好兩爐香，然後由他站到一對香爐當中，把穿在身上的官服罩到爐頂。等熏足了煙香，就緊緊攏住兩隻袖口，如此攏住袖內的香氣。前往官廳上坐定之後，才鬆開袖頭，讓袖內所涵的煙芬四散，於是整個「辦公室」內頓時異香彌漫。

宋代士大夫十中有九熱衷焚香，本不奇怪，不過梅詢立志於把自己變成一座移動的散香器，這就令眾人折服了。不知梅詢的「顏值」如何，反正這樣的記錄真是顯得十分「嫵媚」。其實眾多宋代士大夫的生活狀態大致相仿，人是香噴噴的，書齋、臥室、寢帳也一樣香噴噴的，朝堂與官署更是香噴噴的。去參加雅集，主人的客廳，秦樓楚館，甚至民間經營的酒樓，亦是爐散篆煙，還有人的衣香、所配香囊香佩之香、化妝品的香氣氤氳成一片。

一旦他起身離開，則在身後留下悠長的，久久不肯徹底消失的香氣餘韻，牽引著你的靈魂，召喚你追隨而去。

西晉熏衣用具大盤點

文／孟暉

・香盤 01

由於熏衣的獨特需要，出現了與熏籠配套使用的專用盛水盆，叫作「香盤」。宋人陳敬所撰《陳氏香譜》中，「香器品」一節便具體解釋了「香盤」的形制與意義：

用深中者，以沸湯瀉中，令其氣蓊鬱，然後置爐其上，使香易著物。

香盤一定要壁高腹深，有相當的容量，這樣，熱水傾注到盆內之後，蒸騰的熱氣才能聚攏在盆腹內，不輕易逸散，從而持續洇潤所熏之衣，增進吸附香精的效率。

・熏爐 02

青瓷爐
湖北鄂城三國墓出土

湖北鄂州三國墓出土的一組「青瓷熏爐」（現藏鄂州市博物館）也應該是一套熏衣用具的明器。儘管是明器，形制卻考究細緻，上部的熏籠帶有一雙耳式提手，周身遍佈散煙的鏤孔，一側還附有一個圓筒，猜測是為放置植物香料而設。熏籠底座為外撇的圈足，正好扣合在香盤的口沿上，可見當時，熏籠與香盤為配套設計、配套製作，熏衣時也是專器專用。組合中的香盤也帶有一對耳式提手，因此與熏籠一樣搬移靈便，種種細節都展示了熏衣用具在三國時代的高度成熟。

西晉熏衣用具大盤點

文／孟暉

・熏衣用器組合 03

《中國文物精華》收錄的熏衣用器組合同樣是設計上的精彩案例。下層的香盤為一只鼓腹的圓缽，足以裝入適量的熱水，也能容納一個香爐，但口沿略向內收斂，如此，既聚攏水汽，又正好成為架承熏籠的基座。這只香盤也帶有對稱的提手，可以搬移。熏籠則在敞口之上設有丁字形提梁，既是提手，也是衣架，足以將待熏的衣裙撐起。小香爐則形式簡單，一側裝有把手以便移動，口沿呈喇叭式敞開，不僅散香充分，並且讓人可以隨時觀察、打理爐內的香料與炭火。

這一組熏衣專具明器出土於西晉太康三年（西元282年）的紀年墓中，十分具體的反映出漢晉貴族對於衣香的注重，他們對於舉動間要隨時「香出衣」的孜孜追求。所謂「荀令君至人家，坐處三日香」，大概正是熏衣的功勞。

酒壺

雅樂篇

琵琶？笛子？美男應該學的樂器有哪些？

文／劉濤

劉濤，唐代禮樂復原組古譜學及古代音樂理論研究者。出生於戲曲舞美世家，在美國費城爵碩大學留學期間就開始對各國學者有關日本雅樂研究專著進行系統學習。

———

不管是現代還是古代，都不缺音樂愛好者。不過鮮為人知的是，中國的古代音樂有極強的功能性，不僅僅是好聽而已。

比如有人認為宮廷裡的音樂都是「雅樂」，於是出現了將河南博物院復原的燕樂古曲〈瑞鷓鴣〉稱為「雅樂」的網路評論。如果你穿越回古代，會發現完全不是這樣。

那麼「雅樂」的內容和功能是什麼呢？究竟古人的音樂生活是怎樣的呢？先讓我們來看看我國目前出土最早的樂器是什麼樣吧。

在今天的河南賈湖，經考古發現了20多支骨笛。這些骨笛看起來跟今天的笛子很相似，但與今天的笛橫吹不同，而是類似吹簫一樣，這些骨笛七聲音階齊備，大大超過今人對古人的音樂水準的想像。

到了商代，出現了用青銅鑄造的鐃鐘。鐃鐘的外形類似編鐘，但是與編鐘開口向下

懸掛相反，是開口向上立於立柱之上的。殷墟婦好墓曾出土有五柄成組合的鐃。鐃雖然是樂器但也體現了墓主人的身份，可見婦好的老公商王武丁是有多重視他的妻子。

商代婦好墓 鐃

而「雅樂」這一詞彙正式出現在周代，《論語》裡就有它的存在。如果想進一步瞭解周代的音樂，《周禮》等古籍你不要錯過。《周禮》記載了周代保留的上古音樂，如〈雲門〉、〈大卷〉、〈大咸〉、〈大韶〉、〈大夏〉、〈大濩〉，這些都是祭祀聽的音樂。古代人民比較講究等級秩序，除了祭祀時要聽音樂之外，射禮時也不能缺少音樂：

據《周禮》記載，王射禮的時候演奏〈騶虞〉，諸侯射禮的時候演奏〈貍首〉，卿大夫放音樂〈采蘋〉，普通士人就放〈采蘩〉。

不同階級的人，有自己專屬的 BGM 背景音樂。

不僅如此，各階層所使用的樂器數量也有明確規定。如果你穿越回周代，想在家裡懸掛滿樂器，過一把音樂家的癮，下一秒你很大機率會被認為是僭越，有不臣之心，小命難保。

敲黑板，《周禮》中記載，天子可以在大殿四面都掛上各種樂器，諸侯只能三面懸掛，卿大夫二面，士只能孤零零地掛一面。這就是周代的

雅樂篇

「樂懸」制度，對於不同階級的人有著嚴格的規定。

換句話說，想在家懸滿樂器，也不看看自己是哪塊小餅乾！

曾侯乙編鐘

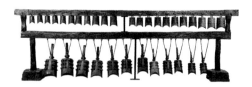

曾侯乙編鐘

曾侯乙編琴

曾侯乙墓瑟

等到了春秋晚期戰國初期的曾侯乙墓，就很不一樣了。首先是出土的樂器種類繁多，不僅有編鐘、編磬，還有篪、塤、笙、簫、瑟、琴等樂器。曾侯乙編鐘、編磬音域寬廣，音階齊備，在當時，簡直是領先世界潮流的先進水準。其次，編鐘的鑄造工藝非常出色，覆瓦型的編鐘下方開口為橢圓形，一鐘可奏雙音。這一技術在漢代之後就已經失傳，成了江湖中的傳說。

根據文獻記載，漢代儒家將孔子整理的《詩經》「詩三百」統稱為「雅樂」，《詩經》中的「風」收集的是民間音樂，「雅」是用於宴飲和禮儀的音樂，「頌」是歌頌祖先和聖賢的音樂。簡而言之，我們現在讀的《詩經》在當時就是宮廷音樂跟民謠歌曲，都屬於「雅樂」。

按漢儒的思想，用於宴飲的周代音樂也可以歸類為「雅樂」，但是隋

唐時期，「雅樂」的意思已經與漢儒的「雅樂」不太一樣了。隋唐時，將當時宮廷裡流行、本朝編寫的音樂打上了「燕樂」的「tag」，至於以前的那些宴飲娛樂音樂，對於唐人來說算是古代音樂了，被歸入到了「清樂」這一概念之中。這時候「雅樂」指的就是周代音樂或者自己本朝所撰寫的祭祀神靈和祖先的音樂，變得嚴肅正經了許多。

再後來，許多日本留學生到隋唐學習，被當時的流行歌曲深深吸引，便將這些悅耳好聽的「燕樂」帶回了日本，形成了日本的「雅樂」。

隋煬帝墓編鐘

銅鎏金交龍紐「南呂」編鐘

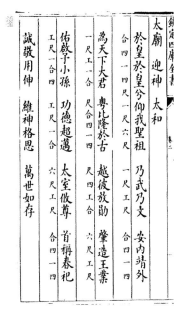

《中興禮書》

《太常續考》

周代之後，雖然歷代都會重建周代禮樂，但只是重建了樂器和禮儀制度，基本上不會保留周代音樂的內容。所以每當改朝換代的時候，舊的流行音樂沒人會演奏了，沒關係，人們還能創造出新的音樂。於是「雅樂」作為一種樂種，便一直傳承到了清代，直到清朝滅亡以後才逐漸失傳。

當然，如果你熱愛「雅樂」，想對照著歷代的文物跟樂譜去重建雅樂，感受一下古代宮廷音樂的高雅，這是完全可以辦到的。《中興禮書》中記載了許多南宋的雅樂曲譜，《太常續考》則記載了明代的雅樂曲譜，拿著這些樂譜仔細研究一番吧，小夥子我看好你！

除了宮中的皇帝喜歡聽「雅樂」以外，從古至今的文人士大夫也對音樂情有獨鍾。這倒不是因為他們有豐富的音樂細胞，而是教科書上的規定：儒家尊崇周禮，傳授的六藝頭兩項就是禮、樂。這相當於今天的高考開設了音樂課程，連基本的樂器都不會用，是會遭到其他士大夫白眼的。

《論語》中曾經記載過一個跟「瑟」有關的故事。

仲由，字子路，是孔門十哲之一。他曾經「好勇力，志伉直，冠雄雞，佩豭豚，陵暴孔子」，看起來完全就是個非主流的小混混，但是子路在孔子的循循善誘之下，浪子回頭，最終成了孔子的弟子。

瑟是演奏周代音樂的重要樂器，偏偏子路演奏得不太好，孔子曾經對他的音樂水準提出了懷疑，導致其他人都有些看不起他。孔子知道以後，改口評論道：「子路的演奏水準其實還不錯，只是還沒達到更高的境界。」由此可見，在當時，作為一名樂器盲是非常丟臉的。

除了瑟之外，琴也是備受古代文人喜愛的樂器。根據《史記》記載，孔子曾經跟著魯國的樂官師襄子學習彈琴，滿腹經綸又精通音樂，難怪孔子走到哪兒都極受歡迎。

值得注意的是，從曾侯乙墓出土的琴來看，先秦時代琴的形制與現代的古琴形制是不同的。曾侯乙墓的琴音箱前方有一個長杆，而之後發現的類似樂器音箱的長度逐漸加長，長杆則越來越短。

到了晉代，根據墓葬內磚雕、壁畫等文物顯示，晉代的琴已經跟現代古琴區別不大了。大家熟知的晉代著名美男嵇康就是一位演奏古琴的高手。

嵇康因為不願與朝廷合作的態度，最終被朝廷假以藉口處以死刑，臨刑前他神情自若地演奏了〈廣陵散〉。〈廣陵散〉在當時屬於傳說中的演奏曲目，是嵇康遊玩時偶然得到的古曲，講述了春秋戰國時期聶政刺殺韓國相國韓傀故事：

韓傀與嚴仲子爭權，嚴仲子被逼逃亡，有人讓他找當時鼎鼎大名的俠客聶政幫忙，於是嚴仲子找到了聶政，想讓他製造個大新聞，去刺殺韓國相國韓傀。

聶政表示很感動，然後……拒絕了嚴仲子。

並不是聶政貪生怕死，而是他當時有母親贍養，沒辦法去給嚴仲子賣命。

被拒絕之後，嚴仲子沒有惱羞成怒，反而繼續照顧聶政一家，直到聶政的母親去世。

母親去世以後，聶政守孝三年，三年之後，他決心報答嚴仲子的知遇之恩，於是動手殺死了韓傀。為了不連累其他人，刺殺成功後，眼見逃脫無望，他將自己面容毀壞之後自盡。

這種俠義精神，簡直是作詞作曲的絕好題材，於是後人以此創作了琴曲〈廣陵散〉，一直流傳到晉代。

當時圍觀嵇康的吃瓜群眾有幸聽到了〈廣陵散〉的絕音，從此以後，〈廣陵散〉無人會彈，就此失傳了。而明代《神奇秘譜》中保留了〈廣陵散〉的古琴譜，不過時代相差久遠，很難考證真偽了。

除了美男嵇康是著名的音樂家外，三國時期的吳國大將周瑜也精通音

雅樂篇

樂，而且他還有點兒強迫症，喝酒聽曲時，只要樂手演奏有錯誤，周瑜一定會發現，他會頻頻打量這位技術不行的樂手。由於周瑜長相俊美，為了得到周瑜的另眼相看，不少少女爭相彈錯，只為求周瑜的回眸一瞥。

在這種外界干擾之下，強迫症周瑜聽曲的心情一定不大愉快。

而隋唐之後，隨著「燕樂」的興起，很多由西域傳入的樂器也在中國生根發芽，比如琵琶、篳篥等等，都受到了當時人們的熱烈歡迎。

日本雅樂仍在保留使用的唐代樣式的羯鼓

貴為帝王的唐玄宗李隆基也不例外，他不僅儀表雄偉俊麗，還十分精通音律，尤其擅長演奏由西域傳入的羯鼓。

一次唐玄宗見到庭院中杏花含苞欲放，就用羯鼓演奏了〈春光好〉，演奏結束後，杏花都已綻放，唐玄宗十分得意：「哈哈哈從這件事看，我還挺有當老天爺的潛質的。」

這則「羯鼓催花」的記載可能有誇張的成分，不過側面說明唐玄宗的音樂水準到了出神入化的境地。

唐代宮廷的燕樂曲目，很多在宋代就演變為了詞牌，宋代的文人很多都根據這些詞牌來填詞創作。因為要根據音樂旋律來填詞，對文人的音樂素養要求很高。比如蘇軾，雖然是一代文豪，但李清照卻吐槽他寫詞「往往不協音律」。說到底，不懂音樂在大宋文壇是混不開的！

跟蘇軾不同，大詞人姜夔是一個精通音樂的文人，他寫詞的時候，還

會順便譜曲，將寫詞玩出了混搭創新。他給自己十幾首詞牌都標注了樂譜，這也是目前僅存的宋代詞牌的樂譜。這些樂譜中使用了漢字的偏旁、部分加以簡化符號化，用來表示音高、裝飾音和節奏，因此也被稱為半字譜、簡字譜。

姜夔還留下了最早的古琴減字譜《古怨》。這種樂譜是將古琴的指法，左手所按的徽位，右手所按的弦簡化為幾個符號，然後再組合成一個形似漢字的整體。如果以現代人的眼光去看……這些到底是啥？你看不懂沒關係，專業人士可以根據這些樂譜，完全地復原宋代的音樂。

古代雖然沒有 MP3 跟網易雲（類似KK BOX），但也有非常多動人的音樂。既有用於祭祀和各種儀式的「雅樂」，還有文人士大夫所鍾愛的琴瑟之音。而隋唐之後，「燕樂」興起，宋代的文人又根據「燕樂」演變而來的詞牌來填詞。想要變成舉世聞名的美男，音樂課程千萬不能落下哦！

姜夔《白石道人歌曲譜》中的〈揚州慢〉，曲詞旁邊的符號就是樂譜

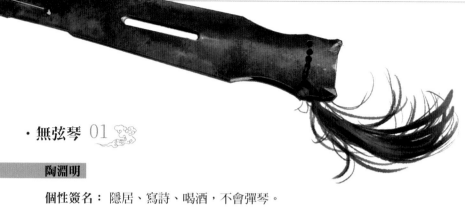

·無弦琴 01

陶淵明

個性簽名： 隱居、寫詩、喝酒，不會彈琴。

演奏難度： ★

陶淵明彈琴的場景類似於我們今天的行為藝術——因為他壓根就不會彈琴！不會彈琴又想讓家裡有點音樂氛圍，無弦琴你值得擁有。每次喝酒喝嗨了，陶淵明便瘋狂地去撫琴，假裝自己彈出的是天籟之音。

這張琴的缺點是，如果你家裡有客人在場，可能會覺得你是個神經病。

·笛子 02

李暮

個性簽名： 梨園曲部頭牌，吹笛大神，其實只是個亂世中的小人物。

演奏難度： ★★

我們現在看電視劇，經常看到憂鬱的俠客在竹林中吹笛的場景，唯美至極。在唐朝開元年間，也有一名吹笛高手，他叫李暮，據說他吹笛的時候，天空中的雲都消散了，流水草木一片寂靜，簡直是自帶驚天地泣鬼神的音效。

沒準當你學會了吹笛技能，就被當時的詩人們寫進了「羌笛何須怨楊柳，春風不度玉門關」這樣的著名名篇了呢。

·羯鼓 03

李隆基

個性簽名：我的腰鼓，時尚時尚最時尚！

演奏難度：★★★

羯鼓長得類似我們現代的腰鼓，操作起來簡單方便，拿上鼓槌就能來一段即興演奏。可能有人覺得這樂器有點粗俗，不像文人愛好的東西，事實上，在唐朝時，不管是皇帝還是宰相，都是羯鼓的超級發燒友。

別看打鼓簡單，它也有自己的講究。唐人打羯鼓，講究手動頭不動，如果你打鼓打得手舞足蹈，不好意思，你會被皇家音樂學院開除。

不過當你想跟羯鼓一起來一段激情飛揚的音樂時，小心被鄰居投訴擾民哦。

·長頸琵琶 04

阮咸

個性簽名：我彈琴，我愛喝酒，但我知道我是個好男人。

演奏難度：★★★★

武則天時期，人們在古墓中發現了一把銅器，長得像琵琶又不完全是，經過專業樂師的鑒定，這玩意是經過改良後的琵琶，而它的主人正是著名音樂家阮咸。當時的人們拿木頭重新製作了一把，發現它比普通的琵琶聲音要高雅許多，不愧是經過專業「大V」認證的樂器。

長頸琵琶，「竹林七賢」之一的阮咸傾情代言，雖然彈奏起來有難度，不過擺在家裡，古風古韻，逼格十足，是古風愛好者的最佳選擇。

想學一門樂器？音樂『大V』線上安利！

文／孟暉

雅樂篇

想學一門樂器？音樂『大V』線上安利！

文／孟暉

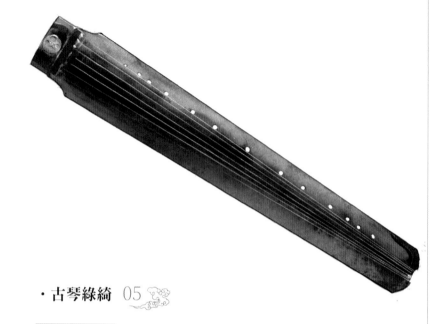

·古琴綠綺 05

司馬相如

個性簽名：大家好，人生贏家就是我。

演奏難度：★★★★★

掌握一門樂器，不僅可以陶冶自己的情操，有時候還可以成功撩到妹子。

司馬相如精通音律，不過他家境一般，買不到什麼厲害的樂器。好在司馬相如點亮了寫詩賦的技能，一篇《如玉賦》讓老闆梁王心情大好，便把自己收藏多年的琴「綠綺」送給了他。從此，司馬相如就走上了自己音樂大V的道路。

一次偶然的機會，他邂逅了白富美卓文君，便發揮自己的特長，演奏了一首〈鳳求凰〉向其表白，最終擺脫了單身狗的命運。

古琴綠綺，能改變你人生的一把琴，不考慮一下嗎？

香盤

雅樂篇

茶酒篇

飲酒跟喝茶，美男離不開它

文／狸花貓子

一談起從前那些愛酒的男人，最先脫口而出的名字裡準少不了李白。

「五花馬」、「千金裘」，都是古代型男撐場面的重要行頭，而到了李白眼裡，不過是可以買醉的一般等價物罷了。根據《李白酒詩注》，他存世的千餘首詩中，跟酒有關的至少有 251 首。一本李太白詩集，只怕擰得出幾千斗酒來。

貪杯歸貪杯，李白的酒品倒不算壞。喝多了，只是「我歌月徘徊，我舞影零亂」地自嗨一番；也有時，他會客客氣氣地請朋友先回家，自己就地躺下睡一覺，因此有了「我醉欲眠卿且去，明朝有意抱琴來」。

正是這一聯「我醉欲眠卿且去」，何等率真，又與後句形成某種欲擒故縱的趣味，簡直神來之筆。

可是，它其實並非李白原創，而是出自另一位知名的酒友 —— 陶淵明。

《昭明文選》裡說，陶淵明五音不全，搞了一張無弦琴放在家裡。無弦，自然無聲。每當喝到有點上頭，他就做瘋狂撫琴狀，在幻想的琴音裡陶醉不已。等醉到彈不動了，他就瞇著眼對客人說：「我醉欲眠，卿可去。」

這句話就被李白拿去了。

這個故事告訴我們，陶淵明還挺有公德心，知道噪音擾民使不得。不過，他辭官之前，卻曾幹過一件不怎麼可靠的事。當時彭澤縣有 300 畝公田歸縣令管，陶淵明一聽大喜，吩咐：統統給我種秫！

秫，俗稱高粱。種高粱幹什麼？當然是釀酒嘍。

還好他老婆孩子理智尚存，堅持要求種稻米，畢竟不喝酒沒事，不吃飯可不行。陶淵明這才不情不願地下令：250 畝種高粱，50 畝種稻米 —— 沒錯，喝酒在他眼裡還是比吃飯重要多了。

縣令這個崗位，他只幹了 81 天。所以，公田出產的高粱酒，陶淵明沒能喝上。

後來的某個重陽節，他在家門外的菊花叢裡呆坐了很久。好想來一口小酒，可家裡一滴也沒有。恰巧，一位朋友送來了他此時最渴望的東西，陶淵明接過就喝了起來，陶陶然，大醉方歸。

還有一回，有人目睹了陶淵明自製酒的過程：他摘下葛布頭巾來篩酒，篩完，再把濕答答、黏糊糊的頭巾紮回腦袋上。

這「葛巾篩酒」究竟是個什麼做法呢？

若按《現代漢語詞典》，「篩酒」一是使酒熱，二是斟酒，顯然都跟頭巾不沾邊。其實，陶淵明的時代還沒有蒸餾酒，酒通常是發酵壓榨而成。這種酒裡混著酒糟雜質，得過濾了才能喝，也就是「篩酒」的原義。每當想起陶淵明腦袋上那條猶然沾著酒糟的濕頭巾，我就不得不敬他是一條隨心所欲、天真爛漫的漢子。

事實上，與陶淵明比，阮籍酗酒的程度恐怕有過之而無不及。《晉書・阮籍傳》記載：正因為聽說步兵營的炊事班特別會釀酒，藏著 300 斛

佳釀，阮籍心癢不已，才去申請當步兵校尉。這個就業動機相當不純，不禁讓人揣想：若是有現成的 250 畝高粱地可以釀酒，不知阮籍肯不肯大手一揮不要了，辭官回家去坐在菊花地裡發呆呢？

阮、陶二位，相隔一百五十年，而同病相憐。人生在世不稱意，唯有逃遁到酒中，才得以暫時不必面對清醒時的痛苦。然而，這個理由顯然解釋不了某些人生贏家對酒的迷戀，比如給群臣下詔書時還流著口水唸叨葡萄酒的曹丕，又比如我們熟悉的白居易。

跟唐代的其他文豪比，白居易的日子算得上少有的滋潤：少年得志，富貴高壽，左擁右抱，名滿天下，除了有個元稹讓他思念不盡，夫復何求？在數不清的第幾首為元稹而寫的詩裡，白居易記錄了這樣一個風雅的場景：「花時同醉破春愁，醉折花枝作酒籌。」

如今的筵席，已經難覓「酒籌」的蹤跡。要明白它是什麼東西，還得從「籌」說起。

籌，是一種計數工具，通常是用竹木削成的小棍或小片。酒桌上，飲酒一輪稱作一巡：常說的「酒過三巡」，也就是桌上每個人都喝了三次酒。集體喝多之後，難免記岔數位，此時需要用籌來計數。

晉代嵇含在《南方草木狀》裡就提到過南海的一種越王竹，南方人憐愛它青嫩的顏色，專門用來做酒籌。後來，酒籌的材質擴展到銀、象牙、獸骨，上面還要刻寫文字。酒友們搖筒掣籌，再按酒籌上的內容來飲酒或做遊戲。這類酒籌中最為人熟知的，大約要數紅樓群芳開夜宴那一回中的「象牙花名籤子」了。而白居易醉醺醺折下的花枝，多半是計數的原始版酒籌吧。

酒使人醉，茶卻使人醒。所以，白居易又富於生活經驗地寫道：「舉頭中酒後，引手索茶時。」喝多了難免不適，那時，就應該要一杯茶來解解酒。

實際上，雖然人人都知道他自號「醉翁」，卻未必知道他還自稱「別茶人」——善於辨別茶葉好壞的人。《唐才子傳》形容他「茶鐺酒杓不相離」，可見茶與酒同為他的心頭好。白居易的一生，有 63 首詩提及茶事，應屬唐代詩人寫茶之冠了。他在杭州當太守的時候，曾用靈隱山上的一口井水煮茶喝，自此，那口井就被稱為「白公茶井」。

作為一個注重生活品質和情趣的男人，白居易不僅用心尋覓上佳的井水，還曾經掃雪烹茶，留下「閒嘗雪水茶」、「融雪煎香茗」的詩句。他不光知道甘美的泉水適合釀酒，而且關於不同的水對茶的影響也頗有心得。

五百年後，另一個男人對煎茶用水的要求，則到了近乎強迫症的地步。這個人叫倪瓚，畫得一手不見人蹤的幽淡山水，養成一身落落寡合的脾性。

為了喝茶，倪瓚每日派小廝去挑七寶泉水。七寶泉號稱天下第七泉，水味甘冽。小廝每日挑來兩桶泉水，倪瓚卻只取前一桶水來煎茶，後一桶水用來洗腳。別人不明其意，他解釋道：「小廝一路上會放屁，後一桶水難免被臭氣污染，只配用來洗腳。」

這種精緻的潔癖，顯然不是普通人家供養得起的。倪瓚家富甲江南，且有很深的道教背景，和儒家的入世理想背道而馳。因此，他得以不問世事而吃用不愁，過著古代宅男的理想生活。

身為富貴閒人，倪瓚有大把的時間琢磨茶事。比如，他會深夜前往蓮花塘，將含苞未放的蓮花撥開，往蕊心放一撮茶，紮好。次日清早把花摘下，傾出茶葉焙乾。等到夜深，再去塘中挑一朵蓮花，重新把這撮茶放進去…… 如此重複數天，只為得到「不勝香美」的蓮花茶。

有位宋代宗室後裔趙行恕，慕名上門拜訪。倪瓚見來人是位王孫，就端上自己的另一項發明 —— 清泉白石茶：將核桃肉、松子仁等東西捏成小白石頭狀，放進用天下第二的惠泉水烹製的茶湯，故名「清泉白石」。

不料，趙行恕只當是尋常解渴的茶，拿起來連喝幾大口，把倪瓚氣得當場變色。

妙玉這個人物，說不定部分脫胎於倪瓚。畢竟，嫌客人髒、在客人走後派小廝洗地洗樹，正是倪瓚幹出的事兒。面對那位趙王孫，他也極有可能如妙玉一般脫口而出：「你這麼個人，竟是大俗人，連水也嘗不出來！」

然而，若論文人中最成功的新茶發明家，倪瓚還是要輸晚明的張岱一籌。張岱，自稱「茶淫」。「淫」字取過度的意思，換言之：別人酗酒，他酗茶。

與倪瓚一樣，張岱也是位貴公子，性情卻與高冷傲嬌的倪瓚截然相反 —— 張岱風流不羈，同三教九流廣有交遊。他的家鄉紹興出產一種日鑄茶，在宋代就已聞名，但到了晚明，京城的茶客只認安徽產的松蘿茶，日鑄茶無人問津。這就成了張岱研製新茶的動機。

他先花大手筆聘請安徽茶工到紹興，用松蘿茶的製作工藝炒製日鑄茶葉，然後用他本人大力宣傳過的紹興禊泉水煮出香味，裝入小罐，與茉莉精確配比，冷卻後再用滾水沖泡。茶色如同新剝嫩筍，又彷彿山窗初曙，而且香氣比原本的日鑄茶更佳。

張岱將這種新茶命名為「蘭雪」。此茶一出，立刻受到消費者追捧。茶客又開始嫌棄松蘿茶，只買蘭雪茶，以致於松蘿茶反而要冒蘭雪茶的名字才賣得出去了。

如此看來，《小窗幽記》所謂「茶類隱，酒類俠」，恐怕並不盡然吧？酒可以是阮、陶避世隱居的面具，茶，也可以是紈絝精心策劃的商機。

同為日常飲料，二者自然常被拿來比較。1900 年，失傳已久的《茶酒論》在莫高窟重見天日。這是一千多年前，一位叫王敷的進士留下的茶酒互爭高下的戲筆。

茶嘲諷酒醉人誤事，然而，堯不飲千鐘，無以成其聖？酒攻擊茶賤酒貴，然而，萬國來求的戰略物資卻是茶，而不是酒。

終於，水把罵戰不休的茶和酒拉開，勸道：「茶不得水，作何形貌？酒不得水，作甚形容？米麴乾吃，損人腸胃；茶片乾吃，只礪破喉嚨。」一場爭執總算消弭。

千載之下，陶令篩酒的手藝已經不傳，酒桌上再也不見酒籌。不要說倪瓚的那些獨家私房茶，就連曾經暢銷晚明茶市的蘭雪茶，具體製法也不再為人知曉。惠泉水早已乾涸，越王竹如今又安在呢？

我們暫且不拘茶酒，哪怕白開水也行，為這些逝去了的杯中事，和不曾湮滅的姓名，乾一杯吧。

・漏影春 —— 最風雅的茶

推薦人：陶谷

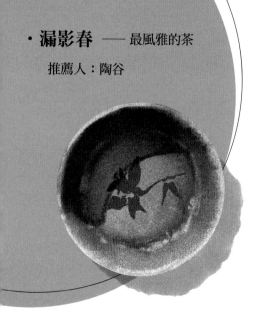

乾隆時代，每年最重要的君臣雅集就要數在重華宮舉辦的三清茶宴了。茶宴上，乾隆讓群臣賦詩聯句，然後親自給優秀者賞賜禮物——「三清茶碗」，這是他最愛的花式瓷器，上頭環繞著他寫的《三清茶》詩，讚美的是他發明的「三清茶」。這款茶要用雪水烹煮梅花、松子和佛手：「梅花色不妖，佛手香且潔。松實味芳腴，三品殊清絕。」乾隆不僅對自己的發明得意不已，還吹爆了「三清茶碗」：我這杯子多麼清雅，一點也不輸宣德、成化的瓷器呢！

01

北宋大臣陶谷在《清異錄》裡記錄了一種當時流行的品茶方法：首先，用紙剪出鏤空的花紋，鋪貼在茶盞中，撒上茶粉；然後拿走剪紙，從剪紙中漏下去的茶粉自然呈現出精美的花朵形狀。再在茶盞中擺上荔枝肉做的「葉」，松子、鴨腳做的「蕊」，觀賞品評之後，用沸騰的水沖飲。注意了，鴨腳可不是鴨子的腳，而是銀杏果的別稱。此茶不僅費時間，還考驗審美和手工，名為「漏影春」。

・三清茶 —— 最高調的發明

推薦人：乾隆

・小龍團茶配惠泉水 —— 最配CP

03

推薦人：蘇軾

「小龍團」是書法家蔡襄特製的一款皇室特供茶。茶葉經蒸熟、發酵、壓製成圓形，印上龍形花紋。皇帝有時高興，才會賜給大臣一餅。難怪歐陽修感歎：黃金易得，小龍團難求。蘇軾就幸運地得到了一餅。不過，好茶須用好水配，才能喝出好味道。於是，蘇軾帶著小龍團跑到無錫惠山，用號稱「天下第二泉」的惠泉水來烹茶。圓圓的小龍團，彷彿一輪明月從天而降，和清冽甘甜的惠泉水真是天生一對。蘇軾喝得飄飄欲仙之時，就寫下了「獨攜天上小團月，來試人間第二泉」，紀念這對絕妙CP。

・王蒙的待客茶 —— 最神煩的茶

04

推薦人：晉惠帝的諸位大臣

晉惠帝時代，有個士大夫叫王蒙，嗜茶成癖。他情商比較低，喜歡把自己的愛好強加給別人：一旦有客人拜訪，他就源源不斷地奉上自己引以為傲的好茶來招待，還用充滿期待的小眼神催著對方喝。然而，當時很多大臣根本喝不慣茶，但上王蒙家做客就必須礙於情面灌一肚子茶回來，簡直苦不堪言。於是，人們一聽「王蒙有請」，就哭笑不得地說「今日又要遭水厄咯」。「水厄」，就是因水而生的厄運，如今可作為茶的代稱。

茶酒篇

05

雍正曾經給年羹堯寫了一個小紙條，索要一種名字很特別的酒：「寧夏靈州出一羊羔酒，當年進過，有二十年寧夏不進了，朕甚愛飲，尋些來。」其實，羊羔酒早在宋代就已經知名，根據《東京夢華錄》，羊羔酒還是東京各種名酒中最昂貴的呢。《本草綱目》中可以尋到此酒的釀製古方，需要用一石米、七斤嫩肥羊肉、一斤杏仁等原料釀製而成。看來，雖然老婆餅裡沒有老婆，可是羊羔酒裡真的有羊羔哦！

· **羊羔酒** —— 最「葷」的酒

推薦人：雍正

06

金樽，絕對是李白最心水的酒器之一。他是頭一個大量運用「金樽」這個詞的詩人，除了膾炙人口的名句「莫使金樽空對月」、「金樽清酒斗十千」以外，還可以數出不少呢。事實上，唐朝正是中國古代金器製作和使用的「繁榮期」。可是，《唐律疏議》明確規定：「一品以下，食器不得用純金。」也就是說，李白並不具備用金樽喝酒的資格。他要麼是吹牛，要麼就是頂風作案啦！

· **金樽** —— 最佳酒器

推薦人：李白

酒水茶美男推薦款

文／狸花貓子

・蜀酒 —— 最愛的酒　07

推薦人：杜甫

　　人人知道李白愛酒，卻未必知道杜甫也是個好酒之徒。其實，杜甫詩中提到酒的比例並不亞於李白。他寄身於成都浣花溪畔的草堂時，愛上了當地的酒，寫詩讚美道「蜀酒濃無敵」（《戲題寄上漢中王三首》）。酒癮上來了，手頭卻不寬裕，只好感歎「蜀酒禁愁得，無錢何處賒」（《草堂即事》）——「好想喝蜀酒啊！可是沒有錢，能不能先欠著呢？」甚至有時候，杜甫只能靦著臉「時時乞酒錢」（《戲簡鄭廣文兼呈蘇司業》），借到了錢，頭一件事就是上酒館去打兩壺囉。

・山西汾酒 —— 最「狠」的酒　08

推薦人：袁枚

　　《隨園食單》中，袁枚在一眾以清、甜著稱的低度酒之後，談到了火辣辣的燒酒，並給出四個字的犀利點評：「以狠為佳。」在袁枚眼中，燒酒，彷彿人中之光棍、縣中之酷吏。還記得黛玉吃了點螃蟹，覺得心口疼，就認為「須得熱熱地喝口燒酒」嗎？沒錯，黛玉很會養生，要是想喝一杯驅風寒、消積滯，非燒酒不可。而燒酒中最當得起「狠」這個字的，非汾酒莫屬。不過，雖說酒越陳越佳，但汾酒並不能存放超過十年。否則酒色變綠，上口轉甜，彷彿當光棍當太久了，失去了熱辣的火氣，酒就不妙了。

甜言蜜語篇

如何正經地誇美男子？

文／古人很潮

好不容易穿越回了古代，遠遠瞧見一名大帥哥朝著你走來，你挖空心思，終於想出了一句：「那小子真帥！」

帥哥沒搭理你，逕自走了。

不怪帥哥太高冷，只是你這種搭訕方式，在古代基本上是要「注孤生」的。先不說語言通不通的問題，在古代，「帥」字壓根不是形容男子外貌的詞。

要想開外掛，先得有文化。你絞盡腦汁，拚命回憶曾經背過的古詩文，腦海中似乎有什麼東西一閃而過——

瞻彼淇奧，綠竹猗猗。有匪君子，如切如磋，如琢如磨。瑟兮僩兮，赫兮咺兮。有匪君子，終不可諼兮。

瞧瞧，先秦時代選拔美男的標準還是很高的。不僅要長得一表人才，還得品德好，德智體群美全面發展，中看不中用的繡花枕頭是不受歡迎的。

「如切如磋，如琢如磨」，別懷疑，當你拿這句話來讚美你的古代愛豆時，他一定會感動得涕淚縱橫，並迅速地記住你的名字。

如果覺得《詩經》裡的句子太拗口，你

還可以考慮考慮下面這首《詠懷詩》：

> 昔日繁華子，安陵與龍陽。夭夭桃李花，灼灼有輝光。
> 悅懌若九春，磬折似秋霜。流盼發姿媚，言笑吐芬芳。
> 攜手等歡愛，宿昔同衣裳。願為雙飛鳥，比翼共翱翔。
> 丹青著明誓，永世不相忘。

這首詩的作者，是魏晉著名「大Ｖ」美男子阮籍。安陵君和龍陽君的仰慕者數不勝數，連楚宣王都對他們迷戀不已。看似放蕩不羈的阮籍，誇起他們來嘴跟抹了蜜似的甜：過去最美貌的男子，要數安陵君和龍陽君了。他們的面龐像桃花一樣美豔，渾身散發著灼灼的光芒。當他微笑時，彷彿春風拂過大地一般明亮；當他憂傷時，像秋風掃落葉般的頹喪。他們的目光，流轉顧盼間明媚生輝，談吐間芳馨四溢，令人忍不住想親近。

先秦那個年代，沒有化妝品加成，也不流行吃五石散，100％ 純天然美男，值得誇讚。

以後如果你想誇自己的偶像美貌非凡，「夭夭桃李花，灼灼有輝光」這句絕對能派上用場。

阮籍的好朋友，同為竹林七賢的嵇康，也是當時的知名美男。官方蓋章的《晉書》中記載嵇康長這樣：

> 身長七尺八寸，美詞氣，有風儀，而土木形骸，不自藻飾，人以為龍章鳳姿，天質自然。

一般來說，史書裡描寫人外貌時都比較惜字如金，「眉目疏秀」、「英武」這幾個字就足夠了，有時候如霍去病這樣的名人都壓根找不到外貌描

寫，徒留一眾粉絲空遐想。但到了嵇康這兒，《晉書》彷彿碼字不要錢似的，一會說嵇康身材高大威猛，一會誇他容貌俊美風度翩翩，不加修飾卻有龍鳳之姿……作為史書，這是不是描述得有點誇張？

嵇康的哥哥嵇喜表示，自己的弟弟就是帥 —— 正爾在群形之中，便自知非常之器。

只要在人群中看了他一眼，就再也忘不掉他的容顏。你可能心想，這有什麼了不起的，現在的小鮮肉哪個不是顏值高出普通人一截？

要知道，**魏晉南北朝**可是一個「以貌取人」的時代，那時候人人都十分注重美容養生，化妝更是上流社會男士必不可少的技能。自然樸實的嵇康混在這群精緻男神中，效果大概相當於你素顏去參加明星雲集的「party」，結果還豔壓全場，就問你厲害不厲害？

作為美男，不僅要五官長得好，整體的風度氣質也十分重要。若是想誇獎自家愛豆長得好且氣質超群，快拿出小本本，記下「美詞氣」、「有風儀」、「龍章鳳姿」、「天質自然」這幾個關鍵字。

大家都知道先秦魏晉出美男，其實唐朝也有不少令人神往的美少年。

權德輿《送崔端公郎君入京覲省》中就有這樣一位翩翩美少年：

已見風姿美，仍聞藝業勤。清秋上國路，白皙少年人。
帶月輕帆疾，迎霜彩服新。過庭若有問，一為說漳濱。

「風姿美」這詞聽起來有些耳熟，這是魏晉男神的標配詞，沒什麼特別的。後面幾句描寫比較令人神往：這位白皙的美少年，騎著高頭大馬趕路，他身姿輕盈，披星戴月地朝著你走來。

快擦擦口水，在男神面前不要這麼丟人。

風姿美、藝業勤、白皙少年人……這不正是人見人愛的小鮮肉弟弟

們？下次有人問你怎麼評價自家偶像，請立刻甩出這首詩。

誇完男神的相貌跟氣質，感覺還不太夠怎麼辦？作為一名勤奮好學的小迷妹，可以來看看李賀的《榮華樂》：

鳶肩公子二十餘，齒編貝，唇激朱。
氣如虹霓，飲如建瓴，走馬夜歸叫嚴更。

美男的身材、氣質、眼睛都被文人墨客們誇完了，李賀反其道而行，找了一個刁鑽的角度：誇獎人的牙齒跟嘴巴。

這位高大威猛的公子齒如編貝，唇若塗朱，氣勢恢宏，妥妥的是個萬人迷。

這一堆古詩詞背得你有些眼冒金星，其實真正的大招還在後面呢。前方曹雪芹大大正在向你招手，他能助你撩到男神，走上人生巔峰。

讓我們來看看曹雪芹在《紅樓夢》中對賈寶玉的外貌描寫：

面若中秋之月，色如春曉之花，鬢若刀裁，眉如墨畫，面如桃瓣，目若秋波。雖怒時而若笑，即嗔視而有情。

高手就是高手！看這一段話，不僅面面俱到，而且誇人都不重複的：
面色→中秋之月，春曉之花；
髮型→鬢若刀裁；
眉毛→眉如墨畫；
顏值→面如桃瓣；
眼神→目若秋波；
神情→雖怒時而若笑，即嗔視而有情。
這一連串令人眼花繚亂的形容詞下來，賈寶玉花樣美少年的形象躍然

甜言蜜語篇

紙上，你只恨不能穿越到書裡親自去一探究竟。不好意思，我們暫時不提供穿書服務，只能靠你腦補腦補了。

若是覺得上面方法這些都太複雜，還有百試百靈的一招教給你：蹭名人熱度。

當你看到自己的偶像時，激動得大腦一片空白，連組織幾句連貫的話都感到困難，更別說拽什麼古詩詞了。別慌，雖然你胸無點墨，但是完全可以站在巨人的肩膀上前行嘛！

你掐指一數，古代的知名美男實在太多了，潘安（潘郎）、宋玉、嵇康、衛玠……隨便抓一個出來都是美得不要不要的。

這時候，你大可以清新脫俗地來一句：「好一個潘郎／宋玉／嵇康再世啊！」

這麼多誇人的辦法，你學會了嗎？

猜心測試：

誰是妳古代的男朋友

出題人：老鼠吱吱

1. 這一天，正在上班的妳突然穿越了。好消息是，妳是丞相之女，壞消息是，丞相瘋了。妳當下優先考慮的是：

A. 本月下班的出勤打卡怎麼辦 —— 2

B. 有病就要治，尋找江湖郎中 —— 3

2. 妳心心念念的都是考績和本月獎金，一旁的下人聽妳嘀嘀咕咕地念著聽不懂的話，面色驚恐，竊竊私語：「小姐也瘋了！」眾人以為瘋病會傳染，都不敢靠近妳了。妳決定：

A. 多說多錯，先冷靜一段時間看看 —— 跳轉 4

B. 離家出走，索性出門闖蕩江湖 —— 跳轉 5

3. 在家待了一段時間，妳忙著給丞相找醫生，可找來的大夫妳都很不滿意，他們不僅沒有基本的醫學常識，連消毒概念都沒有！這天接連來了三個跳大神的，都說可以治好，妳無奈死馬當作活馬醫，讓三個人一起跳。丞相府從此成了廣場舞天地，妳跟著一起每天載歌載舞。這時，突然有客人登門拜訪，妳覺得來的人是：

A. 名震江湖的一代神醫 —— 跳轉 6

B. 拿著聖旨的宮中太監 —— 跳轉 7

4. 妳冷靜了下來，眾人也漸漸靠近了妳。因為丞相瘋了，家裡的光景並不好，妳每日不練琴，也不刺繡，更不練字，連上門提親的人都沒有。就這麼混了半個月，娘親實在看不下去，強行給妳訂了一門婚事，妳認為對方是：

A. 王爺家不諳世事的白癡庶子 —— 跳轉 8
B. 富商家精明能幹的財閥商人 —— 跳轉 9

5. 闖蕩江湖三天，因布鞋走路十分磨腳，妳只走出了離家兩條巷子遠的小麵攤，且根本沒有人來尋找，妳決定：

A. 選擇回家才不是因為肚子餓了！是因為孝心 —— 跳轉 3
B. 想辦法換雙草鞋 —— 跳轉 10

6. 面前這位正是有名的神醫，和之前那些江湖郎中不一樣，他不到一炷香的時間就下了診斷：丞相沒瘋。妳將信將疑，神醫十分溫柔，而妳不屑一顧，覺得他沒那麼簡單。一次妳因為貪嘴半夜上吐下瀉，他拿著藥箱趕來，妳覺得：

A. 一定是來害我的！ —— 跳轉 F
B. 神醫快救我狗命！ —— 跳轉 C

7. 來的是一道宮中的聖旨，妳被皇上看中，要進入宮中。不知怎麼，妳覺得丞相鬆了口氣。可妳頭疼不已，妳看過不少影視劇，進宮的日子可沒那麼好過。於是進入皇宮的妳決定：
A. 宮鬥一時爽，一直宮鬥一直爽 —— 跳轉 B

B. 做個女主命的清新脫俗傻白甜 —— 跳轉 E

8. 妳不情不願地嫁給了白癡王爺，但很快妳發現他並不傻，只是為人太過直接。他和妳一樣，沒有太多野心，只想安穩快樂地過一生，很快你們便一起去廚房偷零食吃。天有不測風雲，妳家依然被皇帝降罪，妳爹裝瘋依然沒能躲過這次災禍，連同妳也要被流放邊疆。這時妳決定：

A：告訴他一齊面對 —— 跳轉 D
B：趁著深夜偷偷逃跑 —— 跳轉 10

9. 妳下嫁給了一位商人，他事務繁忙，妳樂得一個人清閒。常言道和氣生財，他也總是一副笑眯眯的樣子，下人們都覺得他是一位好主顧。直到妳有天發現他的書房有個暗室，才發覺他沒有那麼簡單，他似乎在密謀什麼勾當，而妳決定：

A. 人生在世，難得糊塗 —— 跳轉 E
B. 哇！難道是在給我準備什麼驚喜 —— 跳轉 B

10. 妳拿身上的首飾換了錢財，買了一雙草鞋。妳決心不再回頭，毅然決然地走近了這個離奇古怪的世界。一路上妳遇到了許多有趣的事，也曾有過艱難時刻，但有驚無險一直得瀟瀟灑灑。江湖中也有人對妳示愛，而妳的態度是：

A. 大家都是好兄弟！來來來一起乾了這杯酒！ —— 跳轉 F
B. 選擇一個與自己志趣相投，一起闖蕩江湖的人 —— 跳轉 A

A. 瀟灑自由型：嵇康

妳是一個孤獨脆弱的人，表面看似陽光，實則內心常常感到孤單，只有廣闊天地能夠容納妳，妳的心靈屬於自由。

B. 腹黑冷靜型：宋文公

妳是一個孤獨脆弱的人，表面看似陽光，實則內心常常感到孤單，只有一個真正懂妳的人在背後默默付出，才能夠走近妳的心。

C. 溫柔如風型：王維

妳是一個孤獨脆弱的人，表面看似陽光，實則內心常常感到孤單，妳對他人一向溫柔，卻常常忽略了自己，這樣的人能將妳好好對待。

D. 熱情忠犬型：趙雲

妳是一個孤獨脆弱的人，表面看似陽光，實則內心常常感到孤單，只有一個小太陽能夠溫暖妳，讓妳感到久違的安全感。

E. 霸道總裁型：慕容沖

妳是一個孤獨脆弱的人，表面看似陽光，實則內心常常感到孤單，只有足夠強勢主動，又足夠優秀，才能讓總是被動的妳開始努力哦。

F. 戀愛是不可能戀愛的，這輩子都不可能的

妳是一個孤獨脆弱的人，表面看似陽光……呸！實則妳內心就是真的一個人快樂到不行！所有人都以為妳很想找個戀人，誰也不知道妳一個人每天躲在被窩裡偷笑。

TITLE

公子世無雙

STAFF

ORIGINAL STAFF

| 出版 | 瑞昇文化事業股份有限公司 |
| 編著 | 古人很潮 |

總編輯	郭湘齡
責任編輯	張聿雯
美術編輯	許菩真
封面設計	許菩真
排版	洪伊珊
製版	明宏彩色照相製版有限公司
印刷	桂林彩色印刷股份有限公司

法律顧問	立勤國際法律事務所　黃沛聲律師
戶名	瑞昇文化事業股份有限公司
劃撥帳號	19598343
地址	新北市中和區景平路464巷2弄1-4號
電話	(02)2945-3191
傳真	(02)2945-3190
網址	www.rising-books.com.tw
Mail	deepblue@rising-books.com.tw

| 初版日期 | 2022年7月 |
| 定價 | 360元 |

責任編輯	賴　晨　梅雨龍
特約編輯	郭　昕
總 編 輯	熊　嵩
執行總編	羅曉琴
裝幀設計	汪芝靈

國家圖書館出版品預行編目資料

公子世無雙/古人很潮編著. -- 初版. --
新北市：瑞昇文化事業股份有限公司,
2022.06
208面；16.9X23.4公分
ISBN 978-986-401-561-0(平裝)

1.CST: 傳記 2.CST: 中國

782.29　　　　　　　　111005739